KB273880

경매, 인생을
다시 사다

경매, 인생을 다시 사다

초판 1쇄 발행 2026년 2월 27일

지 은 이 송현
발 행 인 김남익
편   집 이지영
펴 낸 곳 하양인

주   소 서울특별시 마포구 월드컵북로 22길 25 (202호)
전   화 02 6013 5303 핸드폰 010-3982-5043 팩스 02 - 718 - 5044
이 메 일 hayangin@naver.com
출판신고 2013년 4월 8일 (제300 - 2013 - 40호)

ⓒ 2026, 송현

I S B N   979-11-87077-43-5 03320

· 책값은 뒤표지에 있습니다.
· 이 책 내용의 일부 또는 전부를 재사용하려면 반드시 하양인 동의를 얻어야 합니다.

경매, 인생을 다시 사다

월급에 갇힌 인생을 바꾸는 한 번의 선택

송현

안녕하세요. 이 책을 집필한 송현입니다.

부동산 경매라고 하면 많은 분들이 어렵고 복잡하다고 느낍니다. 실제로 시중의 경매 책들을 보면 두껍고 딱딱해서 쉽게 손이 가지 않죠. 저 역시 처음 경매를 배울 때 같은 어려움을 겪었습니다. 하지만 경매는 생각보다 복잡하지 않습니다. 다만, 처음 시작하는 사람에게 맞는 쉬운 책이 부족할 뿐입니다.

그래서 저는 이 책을 쓰기로 했습니다. 경매를 처음 접하는 분들도 부담 없이 읽을 수 있도록, 어려운 용어는 풀고 실전 사례 중심으로 설명했습니다. 마치 친구에게 내 이야기를 들려주듯, 쉽고 현실적으로 다가가려 했습니다. 이 책을 통해 누구나 경매의 기초를 익히고, 직접 활용할 수 있게 되길 바랍니다.

이 책의 주인공 "태산"과 함께 경매를 배우고 성장하는 여정을 체험하게 될 것입니다. 처음엔 낯설겠지만, 읽다 보면 어느새 경매가 익숙해지고, 자신감이 생길 겁니다. 경매는 특별한 사람들만의 영역이 아닙니다. 누구나 배우고, 누구나 도전할 수 있습니다.

마지막으로, 이 책을 집필하는 데 도움을 주신 '돈잘경매'의 회원분들께 감사드립니다. 그리고 이 책을 선택해 주신 모든 독자님께도 진심으로 감사드립니다. 『경매, 인생을 다시 사다』가 여러분의 경매 여정에 작은 길잡이가 되며, 성공적인 결과로 이어지길 바랍니다. 행운을 빕니다.

위대한 도전

경매를 처음 시작하시는 분들을 위해, 모임에서 추천하는 가장 현실적이고 효과적인 공부 방법을 정리했습니다. 이 순서대로만 따라오시면 누구나 안정적으로 경매를 배워가실 수 있습니다.

경매 이야기로 관심과 자신감부터 키우기

경매를 전혀 모르시거나 초보라면, 먼저 경매로 성공한 사람들의 이야기가 담긴 책을 1~2권 읽어보세요. 물론 이 책 포함이구요. ^^ 이론보다 중요한 건 "나도 할 수 있겠다"는 관심과 자신감입니다. 이 단계에서는 어려운 공부보다 '경매라는 세계'를 친숙하게 느끼는 게 목표입니다.

이론완성반으로 기본기 다지기

경매 공부를 본격적으로 시작할 때는 이론완성반 같은 체계적인 과정을 한 번쯤은 꼭 듣는 게 좋습니다. 조금 비용이 들더라도 이 과정을 통해 경매이 핵심 개념과 구조를 정확히 이해하고 정리할 수 있습니다. 이후에는 한 달에 한 번 정도만 복습해도 충분합니다.

실전투자반으로 행동력 키우기

기초를 다졌다면 이제 실전투자반을 수강해보세요. 여기서는 실제 투자 가능한 물건을 직접 검색하고, 손품 조사로 수익성을 분석하는 실전 감각을 키웁니다. 함께 공부하는 모임원들과의 정보 공유와 토론도 큰 도움이 됩니다. 그리고 조사가 끝나고 좋은 물건이 보이면 망설이지 말고 직접 행동하세요.

임장(臨場 조사)으로 눈을 키우기

1) 법원 임장은 1~2회 정도면 충분합니다. 법원 분위기와 입찰 절차를 직접 보며 감을 잡으세요.

2) 물건 임장은 자주 다니는 게 좋습니다. 현장을 직접 봐야 지역 특성과 시세 감각이 생기며, 나중에 입찰할 때 큰 도움이 됩니다.

입찰은 '2~3등 전략'으로

경매는 싸게 사는 게 핵심입니다. 무리하게 낙찰받으려 하기보다 2~3등 한다는 마음으로 임하세요. 3~4번 중 한 번 낙찰받는다는 생각으로 접근하면, 실패 없이 안정적인 투자가 가능합니다.

명도는 결국 '사람과의 대화'

처음엔 명도(明渡)가 어렵게 느껴질 수 있습니다. 하지만 명도는 결국 사람과 사람이 소통하는 과정입니다. 이론에서 배운 내용과 실제 경험을 통해 점점 익숙해질 것입니다. 시간이 지나면 자연스럽게 자신만의 노하우가 쌓일겁니다.

마지막으로

이 방법은 제가 수십 건의 경매를 진행하며 검증한 방식입니다.
복잡하게 고민하지 마시고, 하나씩 실천해보세요.
움직이면 길이 보입니다.
언제든 도움이 필요하다면 연락하세요. 함께 하겠습니다.
모든 독자님들의 멋진 낙찰을 응원합니다! 파이팅!

어떠한 마음가짐으로 부동산 경매를 공부해야 할까?

부동산 경매는 다른 재테크보다 확실한 장점이 있습니다. 철저히 준비만 되어 있다면 낙찰받는 순간부터 수익이 시작되기 때문입니다. 하지만 그만큼 올바른 마음가짐과 꾸준한 공부가 필요합니다.

경매는 노력한 만큼 결과가 따라오는 분야입니다. 좋은 물건을 찾고 분석하는 능력은 하루아침에 생기지 않습니다. 꾸준한 학습과 반복된 실전 경험을 통해 실력이 쌓입니다. 또한 경매는 단기 승부가 아닌 장기적인 시각이 중요합니다. 조급해하지 말고, 함께 공부하며 꾸준히 나아가면 반드시 좋은 기회가 찾아옵니다.

커뮤니티 활동을 통해 다양한 사례를 접하고 자신에게 맞는 투

자 전략을 세워보세요. 큰 자본이 없어도, 나에게 맞는 물건을 찾
아 도전한다면 충분히 의미 있는 수익을 만들 수 있습니다. 경매는
단거리가 아닌 마라톤입니다. 조금 느리더라도 끝까지 함께 달려가
면, 반드시 웃으며 결실을 맺을 날이 올 것입니다.
　함께 파이팅 해봅시다!

차례

경매를
만나다

   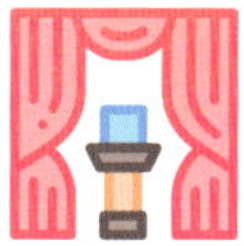 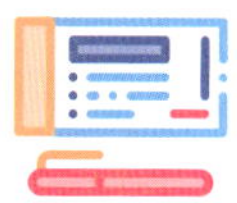 

주인공 태산의 등장

태산, 36세.

한 때 강남의 유망한 기업에서 범상으로 일하며 남들이 부러워하는 삶을 살았다. 하지만 코로나 시기가 오면서 회사가 힘들어지기 시작했고, 점점 나의 삶은 고민으로 가득하게 된다. 매일 반복되는 업무, 끝없는 회의, 점점 짙어지는 회의감. 처음에는 돈도 많이 벌고, 높은 위치에 올라가, 누구나 부러워하는 모습을 꿈꾸었지만, 어느새 다람쥐 쳇바퀴 같은 삶이 나의 마음을 너무나 답답하게 만들었다. 몇 달을 그렇게 고민을 하다 나는 마침내 결심을 하게 된다.

'이대로 살 순 없어.'

고민 끝에 나는 퇴사를 했다. 특별한 대책이 있어서 퇴사한 것은 아니었다.

그냥 이대로 있다가는 몸까지 아플 것 같다는 생각이 들어 결심하게 된 것이다.

퇴사 후 나는 아주 행복했다. 매일 스트레스받지 않고, 하고 싶은 대로 할 수 있다는 것이

'내가 살아 있구나'라는 것을 느끼게 해주었다.

아침에 알람 없이 눈을 뜨고 싶을 때 뜨고,

그동안 일 때문에 가지 못했던 곳들을 여행하며 맛있는 음식을 찾아다녔다.

오랫동안 연락하지 못했던 친구들과 술 한잔할 수 있다는 것도 너무 좋았다.

그렇게 한두 달쯤 지내다 보니, 점점 행복이 불안감으로 변하기 시작했다.

통장 잔고가 눈에 띄게 줄어들었기 때문이다.

처음엔 별일 아니라고 생각했지만, 시간이 지날수록 초조해졌다.

'이 나이에 다시 회사로 돌아가야 하나?'

고민이 깊어졌다.

주변을 둘러보니 꾸준히 직장을 다니는 친구들도 있었지만,

창업이나 투자로 돈을 버는 친구들도 있었다.

그러나 나는 회사를 다시 다니기 싫었고,

그렇다고 사업 감각이나 투자 경험이 있는 것도 아니었기에

무엇을 하며 살아야 할지 막막했다.

그러던 어느 날, 유튜브를 보다가 우연히 한 문구가 눈에 들어왔다.

'적은 돈으로 시작할 수 있는 투자, 부동산 경매' 잠시 관심이 갔지만, 곧 고개를 저었다.

'설마… 적은 돈이라 해도 억대일 텐데, 돈도 없는 내가 부동산을?

에이, 이건 아무나 하는 게 아닐 거야.' 나는 아직 몰랐다. 그 작은 호기심이 내 인생을 완전히 바꿔 놓을 거라는 것을.

처음엔 반신반의했지만, 시간이 흐를수록 경매에 대한 관심은

점점 커져 갔다. 며칠 후, 나는 도서관으로 향했다. 도서관을 돌아다니다 경매 관련 된 책들이 보였고, 나는 경매이야기 책들을 찾아 읽기 시작했다. 처음에는 복잡하고 어려운 내용이 부담스러웠지만, 이야기 형식으로 풀어낸 책들은 생각보다 어렵지 않아 편안하게 읽을 수 있었고, 재미있었다. 마치 TV 프로그램 '인생극장'을 보는 듯한 몰입감에 빠져들었고, 그 속에서 한 사람, 한 사람의 인생이 경매를 통해 어떻게 변화했는지를 보며 큰 자극을 받았다.

그렇게 책을 한 권, 두 권 읽다 보니 경매가 단순한 돈벌이 이상의 의미를 가진다는 것을 알게 되었다. 그리고 어느새 '이게 정말 사실이라면, 나도 한번 도전해 봐야겠다'는 생각이 들었다.

두 달이라는 시간이 흐르면서 나는 약 30권의 경매 책을 읽었다. 처음에는 막연하고 두려웠던 개념들이 점차 하나씩 이해되기 시작했고, 그 어려움은 점점 자신감으로 바뀌었다. 어느새 경매는 내게 단순한 관심거리가 아닌 새로운 도전이자 인생의 전환점이 되어 있었다.

처음엔 너무 어려워 한 발짝 내딛는 것조차 두려웠다. 하지만 하루하루 공부를 이어 가다 보니 점점 감이 오기 시작했다. 책을 읽으며 많은 고수들도 처음에는 아무것도 모르는 상태에서 시작했다는 사실을 알게 되었다.

그들도 하나하나 문제를 해결하며 점차 재산을 늘려 가고, 결국에는 성공을 거두었다는 이야기를 보며 '나도 할 수 있다'는 자신감이 생겼다.

그 순간, 나는 결심했다.

'경매에 내 인생을 걸어보자!' 그렇다면 어떻게 해야 부동산 경매를 잘할 수 있을까? 그 고민을 하며 다양한 방법을 찾게 되었다.

성공적인 부동산 경매는 이렇게~

부동산 경매는 안전해야 합니다.

부동산 경매는 절대 무리해서는 안 됩니다.

다른 어떤 투자보다도 안전하게 진행하는 것이 중요합니다.

이를 위해서는

경매의 기본 지식을 충분히 습득하고,

권리분석을 철저히 공부하며,

반드시 현장 답사(임장) 를 해야 합니다.

또한, 투자 멘토나 전문가의 사전 체크를 통해 리스크를 줄이고

철저하게 준비해야 합니다.

이러한 과정을 거친다면 낙찰 후 문제 발생 가능성을 최소화 할 수 있습니다.

투자 과정에서 겪게 되는 어려움과 시행착오는 좌절이 아닌

성장의 자양분입니다. 긍정적인 마음으로 꾸준히 나아가시길 바랍니다.

현명한 부동산 투자법

성공적인 투자를 위해서는 다음 세 가지 단계를 반드시 거쳐야 합니다.

① 국가 경제 상황을 파악한다.

② 유망 지역과 부동산 유형을 분석한다.

③ 자신의 자금 · 여건에 맞는 물건을 선정한다.

이 과정을 꾸준히 실천하면 성공적인 부동산 경매에 한 걸음 더 다가갈 수 있습니다.

성공하는 부동산 투자자가 되기 위해 필요한 요소

- ✓ 경제 흐름과 부동산 시장 동향을 분석하는 통찰력
- ✓ 시장의 변화를 읽는 안목
- ✓ 개발 호재 지역의 미래를 예측하는 큰 그림을 그리는 능력

참고 자료 — 꾸준히 반복하세요!

① 네이버 뉴스 → '부동산' 섹션 클릭 후 최신 기사 확인

② 경매 사이트 → 낙찰 결과와 시세 흐름 분석

부동산 경매의 핵심 목표: 낙찰 〈 수익!!

경매의 진짜 목적은 낙찰 그 자체가 아니라 수익 창출입니다.

즉, "무조건 낙찰"이 아닌, "나에게 이익을 가져다줄 수 있는 물건을 낙찰받는 것"에 집중해야 합니다.

공부해야 할 것 vs 하지 않아도 될 것

공부해야 할 것	공부하지 않아도 될 것
부동산 경매와 직접적으로 관련 있는 법률	부동산과 무관한 모든 법률
경제의 큰 흐름을 이해하는 경제 공부	불필요한 세부적인 법률 조합
실전에서 필요한 권리분석, 명도 절차	경매와 관계없는 법률 지식
투자와 관련된 지역 · 시장 분석	단순 이론적인 부동산 개념

부동산 경매는 실전입니다!

경매를 하기로 결심했다면,

- ✓ 꾸준히 공부하고 훈련하여 기초 내공을 쌓은 후 도전하세요.
- ✓ 실전에서는 명도, 자금 조달 등 여러 난관이 생기지만,

  이를 극복하면 결국 성공적인 투자자로 성장합니다.

✓ 몇 번의 실패와 도전을 거치면, 반드시 웃을 날이 옵니다.

법원 경매 절차와 기간

단계	절차	기간
1	채권자의 경매 신청	–
2	경매 개시 결정	–
3	입찰 공고	14일
4	매각기일 (최고가 매수인 결정)	7일 (이해관계인의 즉시항고기간)
5	매각 허가 결정	–
6	매각 허가 결정 확정	7일
7	대금 납부 (인도명령 신청)	대금 납부 기한 30일
8	명도 진행	10일
9	부동산 인도	–

혼자서 시작한 경매, 그리고 만남

난 혼자서도 살할 수 있다! 나는 부농산 경매와 가까워지기 위해 매일 부동산 뉴스를 읽었고, 경매 무료 사이트에서 낙찰 결과를 꾸준히 확인했다. 그렇게 하루하루 데이터를 보다 보니, 자연스럽게 관심 있는 지역의 시세가 익숙해지기 시작했다. 이젠 낙찰가가 낯설지 않았다.

네이버 부동산을 통해 해당 지역의 월세·전세·매매 가격, 심지어 매물 수량까지 확인하는 나 자신을 보며 스스로 놀라기도 했다. 한 달쯤 지나자, 내 머릿속에는 경기도 북부·인천·부천 지역의 시세 지도가 그려지기 시작했다.

하지만 혼자서 공부를 하다 보니 점점 불안한 마음이 들었다.

'내가 지금 제대로 공부하고 있는 걸까?' 그 의문이 머릿속을 떠나지 않았다. 그러던 중 우연히 당근 앱에서 '돈잘경매'라는 모임을 발견했다. 당시 의정부에 살고 있던 나는 호기심에 가입 버튼을 눌렀다. 모임방에 들어가 보니, 나처럼 부동산 공부를 하는 사람들이 꽤 많았다.

'와, 이렇게 공부하는 사람이 많구나. 혼자보단 같이 하면 훨씬 재미있고 지루하지 않겠네.'

단체 채팅방에서는 경매 관련 질문과 정보가 활발히 오갔고, 서로의 경험을 공유하며 성장하는 모습이 인상적이었다. 나도 용기를 내어 모임장님께 메시지를 보냈다.

"모임장님, 제가 혼자 3달 정도 공부했는데 잘하고 있는 건지 모르겠어요. 어떻게 공부를 하면 좋을까요?"

모임장님한테서 답장이 왔다.

"안녕하세요. 저는 모임장입니다. 보통 〈돈잘형〉, 〈돈잘샘〉이라고 불러요. 3달 정도 공부하셨다면 기초는 어느 정도 아시겠네요. 아무것도 모른다고 해도 저희랑 함께 공부하면 1~2달 안에 초보 딱지는 뗄 수 있을 거예요. 저희 모임은 수업이 이렇게 구성이 되어 있습니다.

1. 티타임 스터디 – 커피 마시며 편안한 분위기로 경매 공부와 이야기를 하는 모임. 비용은 본인 커피값 + 4000원 정도 받고 있습니다. 교재가 있을 때는 교재비용 5천원 있어요. 딱 한번.

온라인 무료로 진행하고 있습니다. 교재는 이메일로 보내드립니다. 가격 4천원.

2. 임장 체험과 법원 체험 – 교통비를 1/n로 나눠서 지불하고,

10000원 추가 됩니다. 2주에 1번 정도 다녀옵니다.

3. 이론 완성반 - 6주 수업이며 2시간이 소요됩니다. 이 수업만으로 경매의 기본은 완성이 됩니다. 비용은 좀 있습니다.

4. 실전 투자반 - 6주 수업이며 2시간 소요됩니다. 이 수업을 통해 실제로 좋은 물건을 찾는 법, 들어가는 비용, 낙찰가 산정. 등 등을 통해 실제 투자할 수 있는 물건을 같이 공부해보고 좋은 물건이 있다고 생각하면 입찰에 갈 수 있습니다. 비용은 좀 있습니다.

이렇게 수업시간이 있는데, 원하시는 시간에 참여하시면 됩니다.
처음이시니깐 티타임 수업을 오셔서 이야기 해보는 것도 좋을 것 같습니다. 단톡방에 들어가셔서 참여 투표만 해주시면 됩니다.”

“감사합니다. 그럼 이 수업만으로도 1~2달이면 낙찰도 가능할까요?”
“그럼요, 충분히 가능합니다.”
“모임장님, 티타임 수업은 그냥 편히 가면 되나요? 준비물은?”
“티타임 수업은 그냥 편하게 필기도구 가지고 오시면 돼요. 오셔서 커피 드시면서 이야기 나눈다고 생각하면 편할꺼예요. 커피 제것도 쏘신다면 더 좋구요. ㅎ”

큰 부담없이 티타임 수업을 다녀와봐야겠다는 생각이 들었다.

그래서 스터디 일정을 확인하고, 바로 참여 투표를 했다. 가장 빠른 티타임 스터디로 투표했다. 내일이었다. 기대가 된다.

다음 날 오후 4시, 스터디 장소로 향했다. 모임은 대부분 지하철 역 근처의 카페에서 열렸다. 약간의 긴장감을 안고 문을 열고 들어서자 곰처럼 체격이 큰 젊은 남성 한 분, 그리고 50대 여성, 30대 여성분이 자리를 지키고 있었다.

내가 인사를 하자 젊은 남성이 웃으며 말했다.

"안녕하세요. 혹시 태산님이세요? 제가 모임장 돈잘형입니다."
"아, 안녕하세요. 맞아요. 태산입니다. 처음이라 많이 부족하지만 잘 부탁드립니다."

그는 내게 커피를 직접 뽑아 마시라고 하며 프린트된 교재를 꺼내 공부를 시작했다.

"오늘은 처음 오신 분이 계시니까
부동산의 흐름과 우리가 어떻게 투자해야 하는지,
그리고 왜 아파트보다 빌라를 선호하는지 이야기해볼 게요."

그는 부드럽게 말을 이었다.
"부동산 시장은 보통 오르는 시기, 떨어지는 시기, 그리고 횡보

하는 시기가 있어요. 지금은 급등도, 급락도 아닌 약간의 우상향 흐름을 보이는 시점이죠.

1997년 IMF, 2007년 서브프라임 사태 때도 부동산이 폭락했지만, 결국 다시 반등하며 지금의 시세를 만들었습니다. 긴 역사를 보면 부동산 가격은 꾸준히 올라왔죠.

2021년 코로나로 경제가 멈추자, 사람들은 '그래, 뭐라도 해야겠다'는 마음으로 주식·코인·부동산 등 재테크에 몰려들었어요.

그때 유행한 투자법이 오피스텔, 지식산업센터, 아파트 영끌, 빌라 갭투자 등이었죠. 하지만 2022년 여름 이후부터 급락이 시작됐고, 2023년 말까지 시장은 꽁꽁 얼어붙었습니다. 이때 빚을 내서 투자했던 20~30대들이 큰 타격을 받았고, 많은 빌라와 아파트가 경매 물건으로 나오기 시작했죠.

지금도 그 여파로 경매 물건이 계속 쏟아지고 있습니다.

그렇다면 우리는 어떻게 해야 할까요?

저는 이렇게 생각해요.

'적당히 괜찮은 가격이 되었을 때, 좋은 부동산을 내 것으로 만들어야 한다.' 역사적으로 보면 그런 시기에 미리 준비했던 사람들이 지금의 큰 부자가 된 경우가 많습니다. 우리도 준비하고 있다면, 기회가 왔을 때 잡을 수 있겠죠."

모임장님은 내 눈을 바라보며 물었다.

"태산님은 왜 경매 공부를 시작하셨나요? 좋은 기회를 잡고 싶어서죠?"

"맞아요. 아직은 잘 모르지만, 언젠가 괜찮은 아파트를 가지고 싶어요."

그가 웃으며 고개를 끄덕였다.

"좋아요. 아파트도 나쁘지 않아요. 하지만 경매에서는 빌라가 더 효율적일 수 있습니다. 아파트는 경쟁이 치열해요. 그래서 낙찰받으려면 가격을 높게 써야 하고, 그렇게 되면 수익이 거의 남지 않죠.

반면 빌라는 상대적으로 경쟁률이 낮아요. 그래서 적은 금액으로 낙찰받을 확률이 높고, 수익률도 자연스럽게 높습니다.

또 하나의 이유는 자금 효율성이에요. 아파트는 금액이 커서 자금이 묶이고, 이자 부담도 큽니다. 빌라는 상대적으로 저렴하기 때문에 부담이 적고, 그만큼 수익률이 높죠.

그래서 저는 빌라 중심의 경매 투자를 추천드립니다. 이해되시나요?"

나는 고개를 끄덕이며 답했다.
"네, 이제 조금 감이 잡히는 것 같습니다."

빌라 투자는 왜 유리할까?

"그렇다면 모임장님은, 경매로 투자할 때 빌라가 투자하기도 좋고 향후에도 도움이 된다고 생각하시나요?"

"네, 그렇습니다.

아파트도 물론 좋지만, 조금 더 효율적인 투자처는 빌라라고 생각합니다.

그 이유를 객관적으로 설명드릴게요.

앞으로 빌라 가격이 상승할 수밖에 없는 근거들이 있습니다."

땅값은 계속 오르고 있다

부동산의 핵심은 '토지'입니다.

우리나라의 땅값은 장기적으로 꾸준히 우상향하고 있습니다.

땅값이 오르면, 그 위에 지어진 모든 건물의 가치는 자연스럽게 올라갑니다.

인건비 상승

건설 현장에서의 인건비는 해마다 오르고 있습니다.

사람이 직접 지어야 하는 만큼, 인건비 상승은 주택 건축비 증가로 직결됩니다.

원자재 가격 급등

시멘트, 철근, 목재, 유리 등 주요 건축 자재의 가격이 크게 올랐습니다.

원자재가 비싸지면 새 건물을 짓기가 어렵고, 결과적으로 기존 주택의 희소가치가 올라갑니다.

물가 상승

물가가 전반적으로 오르면, 건축비뿐 아니라 부동산 전반의 가격도 장기적으로 상승 압력을 받게 됩니다.

건설 경기 침체

현재 건설 경기가 좋지 않아 아파트 건설조차 중단된 현장이 많습니다.

그런데 빌라는 상황이 더 심각하죠.

"사는 사람이 없다"는 인식이 퍼져 있어, 새로 짓는 빌라가 거의 없습니다.

즉, 공급이 점점 줄어들고 있습니다.

아파트 수요의 빌라 이동

경기가 어려워지면서 아파트 거주자들이 부담을 느끼고, 상대적으로 저렴한 빌라로 수요가 이동하고 있습니다.

특히 신혼부부나 1~2인 가구의 경우

"아파트는 부담, 빌라는 대안"이 되는 흐름이 뚜렷합니다.

우리나라의 총인구는 줄고 있지만, 1인 가구 수는 계속 늘고 있는 추세이기 때문입니다.

빌라의 공급은 부족한데, 수요는 점점 늘어나고 있습니다.

이렇게 되면 월세 가격이 상승하고, 월세 부담을 느낀 세입자들은 차라리 매매로 전환하게 됩니다.

그 결과, 빌라 매매가격도 상승하게 되죠.

재개발 가능성

서울과 수도권 지역의 노후 빌라들은 점차 재개발 대상지로 편입되는 사례가 늘고 있습니다.

따라서 '노후 빌라 매입 → 재개발 기대감'이라는 새로운 투자 흐름도 생겨나고 있죠.

"이런 여러 이유로 앞으로 빌라 가격은 상승할 가능성이 높다고 생각합니다."

나는 조용히 고개를 끄덕였다. 쭉 들어보니 틀린 말은 하나도 없었다. 무엇보다도 모임장님이 쉽고 명확하게 설명해주는 방식이 마음에 들었다. 그 덕분에 이해가 훨씬 쉬웠다.

2시간이 순식간에 지나가고, 스터디는 마무리되었다.

"태산님, 집중력이 좋으시네요. 오늘은 티타임스터디로 편하게 공부를 했구요. 이론 집중반이라는 수업이 있습니다. 그 수업을 들으시면 1달 만에 경매의 기본은 모두 습득할 수 있을겁니다. 비용도 다른 곳에 알아보시면 알겠지만 상당히 저렴하니 생각해보시고 함께 하시죠!"

"감사합니다. 혼자 공부할 때보다 훨씬 머리에 쏙쏙 들어오는거 같네요. 조금만 더 고민해보고 연락드리겠습니다. 곧 또 뵈요. 잘 부탁드립니다."

이렇게 인사를 나누고, 나는 그날 스터디를 마치고 집으로 향했다. 오늘 공부한 수업이 나에게는 새로운 희망과 자신감을 준 중요한 첫걸음이었다.

집에 도착한 후 식사를 하고, 여러 커뮤니티를 통해 경매 수업 비용을 알아봤다. 보통 좀 유명한 곳은 300만원 수준이었고, 좀 저렴한 곳은 100만원 정도 했다. 보통 6~8주 정도 수업으로 진행되었고, 생각보다 많은 사람들이 신청해서 공부를 하고 있었다.

'이렇게 많은 사람들이 부담되는 가격이지만 듣는구나. 그렇다면 거기에 비해 이 모임은 부담이 안되는 가격이네. 빨리 시작해서 빨리 낙찰 받아야겠다. '

나는 모임장님께 연락해서 바로 공부하겠다고 수업 신청을 했다. 모임장님이 함께 공부를 잘 해보자고 하셨고, 꼭 이번 기회에 낙찰까지 해보자고 했다. 기대감에 오늘은 기분 좋게 잠을 잘 것 같다.

시장 흐름과 투자 원칙

부동산 시장 흐름에 따른 경매시장의 변화

부동산 시장은 상승기, 하락기, 횡보기의 3가지 패턴을 반복합니다.
이 중 가장 큰 수익을 얻을 수 있는 시기는 하락기입니다.

- ✓ 하락기에는 일반 매매보다 경매를 통한 매입이 유리
- ✓ 매매 가격 하락 → 경쟁자 감소 → 낙찰가 하락 → 저렴한 매입 가능
- ✓ 경매의 가장 큰 장점: 할인된 가격에 부동산을 구입할 수 있음

핵심 전략 저평가된 물건을 찾아라!

안전한 투자 전략: 리스크 최소화

경매 투자에서 가장 중요한 것은 위험을 최소화하고 안정적으로 수익을
내는 것입니다.

- ✓ 미래 가치보다 현재 가치를 중점적으로 판단할 것
- ✓ 로또식 투자 NO, 현실적이고 안정적인 월세형 투자 YES
- ✓ 어떤 시장 상황에서도 수익이 나는 구조를 만들 것
- ✓ 특히 '대지권' 확인은 필수 — 재개발·재건축 시 핵심 요소!

경매 투자에서 고려해야 할 두 가지 시간 개념

부동산 경매에서는 시간을 다루는 두 가지 관점이 필요합니다.

시간의 관점	설명
빠른 시간	물건 검색 → 온라인 조사 → 현장 조사 → 입찰 → 패찰 (반복)
느린 시간	낙찰 후 매각 결정 → 결정 확정 → 명도 과정 → 매매 시점 등

직장을 그만두고 무작정 경매에 뛰어들면 안 된다

경매를 전업으로 하기 전에는 충분한 준비와 현금흐름 확보가 필요합니다.

- ✓ 문제 1: 시간이 너무 많아짐

  경매는 빠른 시기와 느린 시기가 번갈아 오기 때문에,
  초반의 여유가 오히려 독이 될 수 있습니다.

- ✓ 문제 2: 현금흐름 단절

  직장을 그만두면 고정 수입이 끊기며 생활 자금 압박이 생깁니다.

- ✓ 문제 3: 대출 한도 축소

  소득이 없으면 대출 한도가 줄어들어 투자 기회가 제한됩니다.

■ 생각 넓히기

최소 월 200~300만 원 이상의 안정적 임대 수익이 확보되기 전에는
절대 직장을 그만두지 말 것!

■ 부동산 경매 투자 핵심 정리

- ✓ 시장은 주기적으로 변하며, 하락기가 최고의 매입 기회
- ✓ 리스크를 최소화하고 장기 수익을 추구해야 함
- ✓ 경매에는 빠른 시간과 느린 시간이 공존함
- ✓ 직장 퇴사는 충분한 임대 수익 확보 후 신중히 결정할 것

부동산 경매의 목표는
'낙찰'이 아니라 '수익'이다!

역시 공부는 체계적으로 해야 돼

1주일 후 이론완성반이 시작된다고 해서 수업을 들었다. 이번에 같이 듣는 분은 3명이었고, 같이 열심히 공부를 하니 더 열심히 하게 되었다. 몇 년만에 쪽지 시험까지 하니 은근히 떨리면서 긴장도 됐다. 그렇게 수업을 한 달동안 들었고, 시간이 빠르게 지났다. 이제는 경매의 전반적인 그림이 그려졌다. 처음에는 복잡하고 어렵게 느껴졌던 내용들이 정리가 돼서 너무 좋았다.

'혼자 할 때보다 훨씬 효율적인데? 이렇게 한달만에 경매 공부를 다 하다니, 빨리 실전투자반 공부를 하면서 낙찰까지 해봐야겠다!'

그런 생각이 들었고, 바로 돈잘쌤한테 연락해서 실전투자반을 신청했고, 너무 고마워서 밥을 사드리기로 했다.

"좋아하는 음식 있으세요?" 하고 묻자, 모임장님은 웃으며 말
했다.

"저는 음.... 치킨을 좋아합니다. 이왕이면 바비큐치킨요. 하하"

그래서 스터디를 했던 카페 근처의 치킨집으로 향했다.

매콤한 바비큐 치킨을 뜯으면서, 나는 평소 궁금했던 것들을 하
나씩 물어보기 시작했다.

"돈잘샘은 정말 강사님들보다 더 쉽게 설명해주시는 것 같아요.
유튜브나 진짜 열심히 들었는데, 그렇게 듣는거보다 샘한테 배
우니깐 이해도 쉽고, 정리도 되는거 같아서 좋네요. ㅎㅎ

그 어렵다는 권리분석도 이렇게 간단하게 이해가 되다니… 정말 감사합니다.”

돈잘샘이 미소를 지으며 말했다.
“태산님이 집중력이 좋아서 그래요. 제가 조금 쉽게 풀어드리는 편이긴 하지만, 태산님이 스폰지처럼 쭈욱 잘 빨아드리는거 같습니다. 저와 함께 성장해 나가시죠. 궁금한 건 언제든지 물어보세요.”

돈잘샘의 말을 듣고 마음이 따뜻해졌다. 그동안 혼자 공부하며 느꼈던 막연한 불안과 답답함이 사라지고, 경매를 통해 내 삶이 달라질꺼라는 생각이 들며, 마음이 웅장해졌다.
이제 나는 혼자가 아니었다.
돈잘샘과 함께, 그리고 좋은 사람들과 함께라면 더 멀리 갈 수 있다는 확신이 들었다.

권리분석

권리분석이란?

권리분석이란, 경매를 통해 부동산을 낙찰받을 때 소유권 취득에 법적 문제가 없는지 확인하는 과정입니다.

경매 투자에서 권리분석은 "리스크를 줄이는 핵심 단계"입니다.

> ✎ **핵심 개념** : 소멸과 인수

경매로 **모든 권리가 소멸(말소)**되는 물건이 가장 안전한 투자 대상입니다.

권리분석의 기본 절차

① **등기부등본 확인 (시간순으로 정리)**

표제부: 주소, 등기일자, 면적 등

갑구: 소유권 관련 정보

을구: 소유권 외의 권리(대출, 근저당 등)

② **말소기준권리 찾기**

등기부등본에서 말소기준권리를 찾으면,

권리분석의 80~90%는 끝났다고 볼 수 있습니다.

③ **말소기준권리가 될 수 있는 주요 권리**

저당권(근저당권), 담보가등기, 압류(가압류), 강제경매 기입등기,

전세권 (단, 3가지 요건 모두 충족 시)

④ 전세권이 말소기준이 되는 3가지 조건

- ✓ 등기부상 가장 먼저 등기되어야 함
- ✓ 부동산 전체에 설정되어야 함 (일부 설정 X)
- ✓ 전세권자가 경매신청 또는 배당요구를 해야 함

⑤ 매각물건 명세서 확인

등기되지 않은 권리는 매각물건 명세서에서 확인해야 합니다.

대표적 사례: 유치권, 법정지상권, 분묘기지권 등

권리분석 실전 적용

① 경매로 집을 살 때

- ✓ 등기부등본을 시간순으로 정리
- ✓ 말소기준권리 확인 (저당권, 담보가등기, 압류 등)
- ✓ 경매를 통해 모든 권리가 소멸되는지 검토
- ✓ 인수할 권리가 없으면 투자 가능 (단, 시세조사 필수)
- ✓ 인수권리가 있다면 추가 분석 — 위험 시 투자 포기
- ✓ 인수해야 하더라도 감당 가능한 수준이면 투자 가능

② 전셋집을 구할 때

- ✓ 등기부등본 확인 (소유권 외 권리 여부 체크)
- ✓ 소유권 외 권리의 채권금액 합산
- ✓ (채권금액 + 내 보증금) ≤ 시세의 60% → 안전
- ✓ 전세금으로 근저당을 모두 상환 가능한 경우 안전하나, 보증금은
  시세의 60% 이하가 바람직

기타 유의사항

- ✓ 전입신고 + 확정일자는 주민센터에서 동시 신청 가능
  (온라인 정부24가능)
- ✓ 법원 서류 오류 시, 매각불허가 또는 취소 가능
- ✓ 배당계산 필수 — 인수인지 소멸인지 반드시 구분
- ✓ 보증금 미회수 시, 이사 전에 임차권등기 설정 필수
  (지참서류: 계약서, 등기부등본, 건축물대장, 신분증
  → 지방법원 방문 후 신청)

■ 생각 넓히기

- ✓ 경매는 본인의 책임이므로, 철저한 권리분석이 필수
- ✓ 등기부등본 + 매각물건명세서만 제대로 봐도 대부분의 위험은 방지 가능
- ✓ 말소기준권리를 정확히 찾는 것이 핵심
- ✓ 권리분석 + 매물조사 + 현장답사까지 철저히 해야 안전한 투자가
  가능하다

"돈잘샘, 이제 경매에 대해 전반적인 흐름을 알 것 같은데, 그 다음에는 무엇을 공부하면 좋을까요?" 나는 궁금한 마음에 물어봤다.

"태산님, 앞으로 해야 할 것은 이론집중반에서 공부한 것을 한 달에 한번씩 읽으셔서 잊으시면 안되요. 나중에는 1분기에 1번씩만 읽어도 될꺼예요. 그리고 실전투자반 공부를 하시면서 시간을 내셔서 법원체험과 임장체험을 하시는 것을 추천합니다." 돈잘샘이 답했다.

"그럼, 실전투자반 공부하면서 법원체험, 임장체험을 하라는 거잖아요? 근데 실전투자반 공부는 뭐죠?" 나는 아직 익숙하지 않은 용어에 대해 물었다.

"실전투자반은 실제로 입찰을 들어갈 만한 물건들을 찾아서 같이 분석하고 검증하면서, 괜찮으면 법원 입찰까지 시도해보게 도와주는 반이지요. 태산님도 실전투자반에 들어가서 공부하세요. 충분히 잘 하실 수 있을 것 같습니다."

"실전투자반은 언제 하나요?"

"실전투자반은 보통 월초에 시작하고, 4~5명 정도의 소수로 진행됩니다. 수업은 보통 6주 정도 진행되며, 처음에는 한 개의 물건을 분석하는데 1시간 정도 걸리지만, 나중에는 하나를 분석하는 데

20분도 안 걸리게 될 거예요.”

“그럼, 다음 달에 실전투자반에 참여 해봐야겠네요. 잘 부탁드립니다.”

식사를 마친 후, 집으로 돌아가는 길. 나는 스스로에 대해 생각하며 미소를 지었다. 벌써 경매 공부를 한 지 1달이 넘었는데, 처음과는 확연히 달라진 나를 보며 대견한 마음이 들었다. 처음에는 아무것도 몰랐고, 무엇을 공부해야 할지도 몰랐지만, 이제는 초보 딱지를 떼어낸 느낌이어서 너무 기뻤다. 그리고 가장 큰 변화는, 내가 혼자가 아니라는 것이었다. 좋은 모임에 들어와서, 어떻게 공부해야 하고, 무엇을 해야 하는지 정확하게 길을 알려주는 사람을 만났다는 사실이 너무 든든했다.

‘앞으로 경매 낙찰까지, 더 열심히 해야겠다!’ 마음 속에서 그 결심이 불타올랐다. 경매라는 큰 도전 앞에서, 이제 나는 더 이상 두렵지 않았다. 이제 내가 가야 할 길이 확실하게 보였다.

투자 목표 설정

자신의 현재 상황과 투자 금액, 자신의 투자 목적에 맞는 부동산 선정

지역 및 물건 종류 선정

어떤 지역에 투자할 것인지 결정

어떤 유형의 물건(아파트, 빌라, 오피스텔, 상가 등)을 선택할지 분석

매물 검색 방법 숙지

유료 법원 경매사이트를 통해 수익률이 좋은 물건을 검색하는 방법을
배우고 반복한다.

정확한 시세조사

매매 및 월세 시세 조사 방법, 실거래가 및 임대료 분석

① 국토해양부 실거래가를 통해 최근에 거래된 내역을 확인한다.

　(금액, 거래량 확인 필수)

② 네이버 부동산을 통해 원하는 동네에 나와있는 물건들의

　호가를 분석한다.

실전 조사 및 투자 결정

조사된 데이터를 기반으로 투자 적합성 판단하고, 안전한 투자 매물 선별
후 투자한다.

① 선택한 물건의 낙찰가율을 통해 대출 금액을 예상하고, 실제 금리를

　확인한다.

② 총투자금액 = (낙찰금액 − 대출금) + 취등록세 + 인테리어금액 +
명도금액 + 미납관리비 + 부동산복비 + 낸 대출이자 + 양도세 등등
비용을 계산한다.

③ 단기 매매시에는 세금을 포함해서 수익률을 계산한다.
수익 = 매도 금액 − 총투자금액
수익률 = 수익/총투자금액 × 100%

④ 월세 수익시에는
투자비용 = 실제 들어간 비용(낙찰받은금액 − 대출금) + 취등록세 +
인테리어금액 + 명도금액 + 미납관리비 + 부동산복비 + 낸 대출이자
등등 비용을 계산한다.
총투자비용 = 투자비용 − 보증금
순수익률 = 순수익(1년치 월세 − 1년치 이자)/총투자비용 × 100%

경린이 딸출?

　모임에 들어와 공부를 시작한 지 어느덧 한 달이 넘었다. 이제는 정말 '경린이(경매 어린이)'라는 타이틀을 벗어날 때가 된 것 같았다. 돈잘샘과의 수업에서 배운 책을 두 번째 읽으니 확실히 머리에서 각인이 되는 느낌이 들었다. 전에 이해가 안가던 것도 이해가 되니 경매 공부가 더욱 더 재미있어졌다.

　그러던 어느 날, 수업 중에 돈잘샘이 던진 한 마디가 나를 멈춰 세웠다.

　"부동산 경매를 공부할 때 가장 숭요한 선 시상의 큰 흐름을 읽는 것, 그리고 자신만의 투자 원칙을 세우는 겁니다. 그렇다면, 태산님은 경매를 왜 하시나요?"

　그 순간, 내 머릿속은 하얗게 되어버렸다.

‘그래, 내가 왜 경매공부를 하고 있었지?’ 그동안 열심히 공부만 했지, 정작 ‘왜’라는 질문에는 답을 하지 못했던 것 같다. 경매에 몰두하느라 내가 이 길을 걷는 이유를 잊고 있었다.

그날 이후로 나는 그 질문을 계속 곱씹었다. 그리고 문득 마음 속 깊은 곳에서 확신이 떠올라왔다.

‘맞아! 나의 목표는 월세로 300만 원 이상을 받아, 경제적 자유와 시간적 자유를 얻는 파이어족이 되는 것이었어.’ 그 목표가 머릿속에 또렷이 그려지는 순간, 심장이 뜨거워졌다. 이제 나는 단순히 공부하는 사람이 아니었다. 명확한 목적과 방향을 가진 투자자가 되어가고 있었다.

‘그래, 다시 더 파이팅해서 공부한다!!’ 경린이라는 이름은 더 이상 내게 어울리지 않았다. 이제 나는 나의 목표를 향해 한 걸음씩, 확실하게 나아갈 것이다.

파이어족

파이어(FIRE)란 '경제적 자립, 조기 퇴직'(Financial Independence, Retire Early)의 첫 글자를 따 만들어진 신조어다. 고소득·고학력 전문직을 중심으로 지출을 최대한 줄이고 투자를 늘려 재정적 자립을 추구하는 생활 방식이다. 파이어족의 상당수가 이른 은퇴보다 재정적 자립에 중점을 둔다. 불필요한 소비에서 벗어나 중요한 것에 집중한다는 가치 전환이 핵심이다. 은퇴 후에도 경제적으로 여유로운 생활을 하기보다는 절약하며 안정적인 삶을 사는 것을 중요하게 여긴다. 돈에 얽매이지 않고 일을 선택할 수 있는 자유를 추구하는 것이다.

– 두산백과 인용

부동산 경매, 투자 목적과 방향 설정

부동산 경매를 시작하기 전에 반드시 해야 할 일

- ✓ 투자 목적 명확히 정리하기
  - → "왜 경매를 하는가?"를 분명히 해야 흔들리지 않는다.

- ✓ 개인 상황 · 조건에 맞는 투자 방식 선택
  - → 누구에게나 맞는 투자법은 없다. 내 상황이 기준이다.

- ✓ 목적에 따라 공부 · 조사 방향 설정
  - → 임대, 단타, 실거주 등 목적에 따라 공부의 깊이가 달라진다.

부동산을 찾기 전에, 가장 먼저 해야 할 일

- ✓ '내 상황 정확히 파악하기'

구분	점검 내용
보유 부동산	내 명의로 된 부동산이 몇 채인가?
재정 상태	자산 · 대출 가능액 · 월평균 수입&지출 · 카드 사용금액 등
직장 여부	직장인 / 프리랜서 / 사업자 중 어떤가?
투자 가능 금액	지금 당장 가능한 자금 vs 나중에 조달 가능한 자금

투자 목적에 따른 경매 접근법

- ✓ 임대 수익형 투자
  - → 월세 수익 중심의 안정적 투자 (현금흐름 중심)

✓ 단기 매매형 투자(단타)

  → 시세차익 중심의 빠른 회전 투자

✓ 내 집 마련형 투자

  → 실거주 목적, 지역·시기 분석 필수

✓ 창업형 투자

  → 상가·점포 중심, 사업 계획과 연계

✓ 장기 가치형 투자

  → 재개발·재건축 등 미래가치 중심의 중장기 전략

■ 생각 넓히기

"투자 목적이 명확할수록 성공 확률이 높아진다."
목적이 없는 투자는 방향 없는 항해와 같다.
시작 전에 '내가 왜 경매를 하는가'를 반드시 정의하라.

PART 2

이젠
실전으로

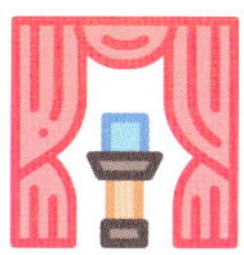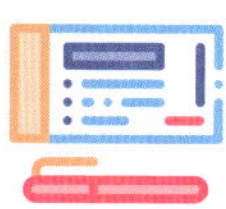

그래, 실전투자반 들어가자!

2주일이 지나고, 실전투자반이 시작되었다. 이 반에 들어가서 내가 원하는 물건을 찾아, 분석하고, 괜찮다면 낙찰까지 받겠다고 결심했다. 긴장된 마음을 안고 그 자리에 앉아, 눈을 크게 뜨고 돈잘샘의 설명을 들었다. 돈잘샘은 먼저 좋은 물건을 예시로 보여주며 자세히 설명을 시작했다.

"물건을 고를 때는 이 점을 염두에 두셔야 합니다. 누군가에게는 이 물건이 좋아 보일 수 있지만, 다른 사람에게는 또 다른 물건이 더 좋아 보일 수도 있습니다. 그래서 자신의 상황에 맞고, 자신이 원하는 목적에 부합하는 물건을 찾는 것이 중요합니다.

우리 실전투자반의 목적은 실제로 '투자할 만한 물건'을 찾는 것이니까요. 그런 물건 위주로 찾는 방법을 알려드리겠습니다.

보통 5천만 원 이하로 투자할 수 있는 물건을 대상으로 진행하며, 매도차익은 2천만 원에서 3천만 원 정도, 월세 수익은 순수익 기준으로 20만~30만 원 정도를 목표로 합니다. 잘 따라오세요."

돈잘샘의 설명 하나하나가 내 머릿속에 쏙쏙 들어왔다. 투자할 때의 기준과 목표가 이렇게 명확하게 정의되어 있으니, 이제 무엇을 해야 할지가 확실해졌다.

돈잘샘은 물건을 하나하나 자세히 분석하는 방법을 차근차근 알려주었다. 관심 있는 물건을 예로 들어, 실제로 분석하고 평가하는 과정도 함께 보여주셨다.

"관심이 가는 물건을 고르시면, 이 항목에 따라서 하나씩 체크해보세요. 그러면 좋은 물건인지 그렇지 않은 물건인지 판단이 될거예요. 순서대로 따라오시면 됩니다."

물건 분석하는 순서

단계	분석 항목	설명
1	건물의 년도, 평수, 층 확인	기본적인 건물 정보 확인
2	권리분석	소멸 가능성과 인수 여부 확인
3	지도 확인	위치 및 주변 환경 분석
4	실거래가 확인	최근 거래 가격 분석 (월세, 매매)
5	네이버 부동산 조회	시장 가격 분석 및 매물 조사 (월세, 매매)
6	매매가 예상	해당 물건의 예상 매매 가격 산정
7	월세가 예상	예상 임대 수익 산정
8	공시지가 126%	전세가 기준 계산
9	공시지가 147%	일반적인 매매가 기준 계산

순차적으로 따라가며 하나하나 분석하는 과정은 시간이 꽤 걸렸지만, 그 모든 순간이 너무나 중요해보였다. 이렇게 하나하나 배워가는 나의 모습이 뿌듯하게 느껴졌다. 빨리 더 많은 것을 배우고 싶었다. 물론 지금은 하나를 분석하는 거, 따라가는 것도 버겁지만 나중에는 스스로 혼자 잘 할것이고, 나중에는 20분도 안걸리게 할 수 있을 거라는 믿음이 생겼다.

'그냥 믿고 갑니다. ^^;'

그 마음으로 나는 앞으로 한 걸음씩 나아갔다. 그렇게 내 경매 공부의 길은 점점 더 넓어지고, 더 깊어졌으며, 나는 그 길 위를 묵묵히 걸어가고 있었다.

좋은 경매 물건을 찾는 방법과 분석 절차

물건을 찾기 전 반드시 점검해야 할 3가지

- ✓ 투자 목적을 명확히 정리한다.
- ✓ 개인 상황과 조건에 맞는 투자 방식을 선택한다.
- ✓ 목적에 따라 조사할 지역과 물건 유형을 구체적으로 정한다.

좋은 물건을 찾는 3단계 프로세스

- ✓ 1단계. 사전 조사 → 물건의 기본 정보 및 권리관계 확인
- ✓ 2단계. 시세 파악 → 정확한 시세 조사로 적정 낙찰가 설정
- ✓ 3단계. 현장 답사(임장) → 직접 방문하여 입지 · 환경 · 건물 상태 점검

좋은 경매 물건의 기준

- ✓ '화려한 물건'보다 '돈을 만들어 주는 물건'이 좋은 물건.
- ✓ 관심은 적지만 수익성 높은 물건을 찾아야 한다.
- ✓ 인기 있는 물건일수록 경쟁이 심해 수익률이 낮아진다.

경매사이트에서 좋은 물건을 검색하는 방법

- **효율적인 검색을 위해 유료 경매사이트 활용을 추천한다.**
  (데이터 정확, 편리성 높음)
  - ✓ 경매사이트 접속
  - ✓ 원하는 지역 · 물건 종류 · 예산에 맞춰 검색
  - ✓ 선택한 물건의 권리분석
  - ✓ 말소기준권리보다 이전이면 인수, 이후면 소멸
  - ✓ 물건 위치 및 주변 환경 조사 (지도 분석)

✓ 부동산 상세 정보 분석

✓ 공시지가 확인 및 예상 가치 분석

✓ 공시지가 × 126% → 보증보험 가능 전세가

✓ 공시지가 × 147% → 매매 예상 기준점 (지역별 차이 존재)

✓ 매매가 · 전월세가 조사

✓ 국토교통부 실거래가, 네이버 부동산, 현지 중개업소 활용

✓ 입찰 비용 및 대출 비율 산정

✓ 수익률 계산 (매매 · 월세 기준 수익성 분석)

- **최종 판단 후 현장 답사(임장) 진행**

사전 조사 시 반드시 체크해야 할 항목

✓ 물건 분석 → 연식, 평수, 층수, 구조(방 개수), 채광, 누수 여부

✓ 지역 분석 → 도심 접근성, 일자리, 학군, 인프라, 교통, 편의시설

✓ 권리관계 분석 → 인수 권리 여부, 소유자 · 임차인 현황, 관리비 체납 여부

✓ 시세 조사 방법 → 국토교통부 실거래가 + 네이버 부동산
  현지 부동산 3～5곳 방문하여 시세 비교 확인

- **경쟁력 있는 가격 설정이 낙찰 가능성을 높인다.**
- **아파트 · 오피스텔 외의 토지 · 상가 등은 비교가 어렵기 때문에 더욱 신중한 조사 필요.**

부동산 경매 vs 급매 비교 시 유의점

- **취득 전, 유사한 낙찰 사례 및 시세 비교 필수(유료경매사이트)**
- **면적 개념 정리**
  ✓ 분양면적 = 전용면적 + 공용면적

✓ 전용면적 → 실제 사용하는 공간 (방, 거실, 화장실 등)

✓ 공용면적 → 엘리베이터, 계단, 복도, 주차장 등

■ **생각 넓히기**

좋은 경매 물건을 찾기 위해서는

철저한 사전 조사 → 정확한 시세 분석 → 신중한 현장 답사

이 세 가지가 반드시 필요하다!

실전훈련

ex) 인수 안하는 물건 1. (말소기준보다 임차인이 후순위)

이 물건은 인수를 안해도 되기 때문에 시세파악 잘해서 낙찰 받으면 된다. 하지만 이사비용을 고려해야된다.

임차인현황

임차인	점유 부분	전입/확정일자	보증금/차임	대항력	배당 예상 금액
강다구	주거용	전입일자: 2021.10.29. 확정일자: 이상	없음	이상	배당금 없음

등기부현황

No	접수	권리 종류	권리자	채권 금액	비고	소멸 여부
1(갑7)	2019. 10.17	소유권 이전 (매매)	강남주	거래가격: 417,000,000원		소멸
2(을8)	2019. 10.17	근저당	중소기업은행 (말소기준권리)	360,000,000원	말소기준등기	소멸
3(을10)	2020. 12.30	근저당	소상공인 시장진흥공단	126,000,000원	확정채권명령: 소상인	소멸
4(을11)	2021. 10.26	근저당	소상공인 시장진흥공단	118,800,000원		소멸
5(갑10)	2024. 02.19	가압류	(주)케이비국민카드	16,751,742원	202x카단 1xxx	소멸
6(갑11)	2024. 03.08	가압류	(주)우리카드	10,845,893원	202x카단30xxx	소멸
7(갑12)	2024. 10.10	임의 경매	한국주택금융공사	청구 금액: 273,680,398원	202x타경 56xxxx	소멸
8(갑13)	2025. 02.18	압류	계양구 (인천광역시)			소멸

ex) 인수 안하는 물건 2. (말소동의 확약서가 있으므로 문제될 것은 없다. 시세 파악하고, 물건 확인해서 낙찰받으면 된다.)

※ 매각물건명세서를 정확히 확인해서 문제가 없는지를 확인해야 한다. 가끔 70%이하 낙찰은 인수해야 된다고 나오는 경우가 있다.

임차인현황

임차인	점유 부분	전입/확정/배당	보증금/차임	대항력	기타
강낭콩	주거용 4층 404호	전입일자: 2022.03.04. 확정일자: 2022.02.08. 배당요구: 2023.07.24	보 125,000,000원	있음	임차권 등기자
주택도시보증공사 (임차인:강낭콩)	주거용 전부	전입일자: 2022.03.04. 확정일자: 2022.02.08. 배당요구: 2024.03.14	보 125,000,000원	있음	경매 신청인
기타사항	주택도시보증공사: 경매신청 채권자로 배당요구일은 경매신청일과 동일합니다. 강낭콩은 주택임차보증금반환채권 양수인이며, 보증금 전액을 배당받지 못하더라도 잔액은 주택임차보증금반환채권을 포기하고 임차권등기 말소에 동의한다는 취지의 확약서를 제출했습니다. / 배당요구일: 2024.06.24 전입일자: 2023.07.24				

등기부현황

No	접수	권리 종류	권리자	채권 금액	비고	소멸 여부
1(갑2)	2021. 03.26	소유권 이전 (매매)	송아진	거래가격 110,000,000원		소멸
2(갑9)	2022. 11.17	압류	국 (시흥세무서장)		말소기준권리	소멸
3(갑20)	2023. 05.10	압류	국 (울산세무서장)			소멸
4(갑21)	2023. 05.10	압류	국 (울산세무서장)			소멸
5(을11)	2023. 07.24	주택임차권 (4층 404호)	강낭콩	125,000,000원	전입 2022.03.04. 확정 2022.02.08.	소멸
6(갑22)	2024. 01.25	압류	서울특별시			소멸
7(갑23)	2024. 03.15	강제경매	주택도시 보증공사	청구 금액 128,460,311원	2024타경515xxx	소멸

ex) 인수 안하는 물건 3. (임차내역이 없다. −〉 집주인이 산다.)

시세 파악 후 낙찰 받으면 된다. 이사비용 고려.

임차인현황

임차인 현황	조사된 임차내역 없음.

등기부현황

No	접수	권리 종류	권리자	채권 금액	비고	소멸 여부
1(갑4)	2017.12.27	소유권 이전 (매매)	박아지	거래가격: 275,000,000원		소멸
2(을3)	2017.12.27	근저당	우리은행 (김포양촌지점)	187,000,000원	말소기준등기	소멸
3(을4)	2021.06.17	근저당	오에스비저축은행	120,000,000원		소멸
4(을5)	2021.11.16	근저당	오에스비저축은행	48,000,000원		소멸
5(갑5)	2024.11.14	임의경매	오에스비저축은행	청구금액: 142,740,832원	202x타경 5722xx	소멸

시세파악 후 인수금액을 인수해도 문제가 없는지 판단 후 낙찰을 받는다.

임차인현황

임차인	점유 부분	전입/확정/배당	보증금/차임	대항력	배당 예상 금액	기타
김박사	주거용 전부	전입일자: 2019.03.11. 확정일자: 2019.02.19. 배당요구: 2023.07.12	보 85,000,000원	있음	예상배당표 참고	임차권 등기자

등기부현황

No	접수	권리 종류	권리자	채권 금액	비고	소멸 여부
1(갑5)	2022.01.10	소유권 이전 (매매)	이세계	거래가격: 140,000,000원		소멸
2(갑6)	2022.03.10	압류	국 (북인천세무서장)		말소기준등기	소멸
3(을6)	2023.07.12	주택임차권 (전부)	김박사	85,000,000원	전입 2019.03.11. 확정 2019.02.19	소멸
4(갑16)	2023.11.16	공매공고	국 (북인천세무서장)		공매공고 (계양세무서 2023-13598-001)	소멸
5(갑17)	2024.07.18	강제경매	김박사 (경매신청채권자)	청구 금액: 85,000,000원	20XX타경547xxx	소멸

실전투자반 공부가 이렇게 재미있다고?

  실전투자반 수업을 들으면 들을수록, 나는 점점 경매의 세계에 빠져들고 있다는 걸 온몸으로 느꼈다. 물건 하나를 분석하는 데 거의 한 시간 가까이 걸렸지만, 이상하게도 지루하지 않았다. 한 번 물건을 찾아서 분석하다 보면 3~4시간이 순식간에 흘러가 있었다.

  그때 문득, 돈잘샘의 말씀이 떠올랐다.

  "처음엔 오래 걸리겠지만, 익숙해지면 훨씬 빨라질 겁니다."

  돈잘샘의 말을 믿고, 나는 오늘도 분석에 몰입했다.

  비록 지금은 시간이 좀 걸리더라도, 언젠가 20분 안에 끝낼 수 있을 거라고 믿고 열중했다.

　어느새 실전투자반 수업도 세 번째 시간을 맞았다. 오늘은 모임원 각자가 숙제로 분석해 온 물건 두 개씩을 가져와, 돈잘샘과 함께 피드백을 받는 날이었다. 시간은 말 그대로 '순삭'. 화장실 갈 틈도 없이 집중하고 있었다. 돈잘샘은 언제나처럼 열정적이었다. 분명 MBTI성향이 ENFP라고 하셨지만, 오늘만큼은 확실히 T 타입 그 자체였다 ㅠㅠ. 내가 분석해 온 물건을 보시더니 돈잘샘이 한마디 하셨다.

　"50점."

　순간 정적이 흘렀다. 정확하게 분석하려고 나름 열심히 했는데, 아직 많이 부족했나보다. 하지만 괜찮았다. '50점에서 100점으로 가는 과정'이 바로 성장의 시작이니까. 다른 분의 경우, 분석은 잘했지만 시세 파악을 잘못해 0점을 받은 분도 있었다. 돈잘샘의 채점은 가차 없었다. 그분한테는 윷놀이로 치면 모를 던졌는데 낙이 나온 것과 같은 느낌이라고 했다. 다 잘했는데 시세파악이 완전 틀렸다고 했다. 그곳에 있는 모두가 돈잘샘이 MBTI가 잘못됐다고 생각했다. 다들 돈잘샘이 T타입이라고 생각하는 분위기였다.

수업이 끝나갈 즈음, 나는 돈잘샘한테 질문을 했다.

"돈잘샘! 물건을 분석하다 보면, 경매 낙찰가격이 제가 예상한 낙찰가격보다 높을 때가 많아요. 그런데 네이버 부동산에 보면 낙찰가랑 얼마 차이 안나게 나온 급매 물건도 있던데, 그럴 땐 어떻게 해야 하나요? 예를 들면, 경기도 의정부 장암동에 20년이 넘은 32평형 아파트가 2억7천만원에 낙찰됐어요. 근데 급매로 2억8천만원에 나온 것들이 있던데, 이런 경우 나라면 경매로 저가격에 낙찰 받는게 좋을까요? 아니면 급매로 사는게 날까요?"

돈잘샘은 미소를 지으며 답했다.

"좋은 질문이에요, 태산님. 가끔 급매 물건이 정말 저렴하게 나올 때가 있습니다. 그럴 땐 경매랑 비교해서 조건이 더 좋은 쪽을 선택하시면 돼요. 다만, 경매는 내부를 직접 확인할 수 없기 때문에 생각보다 수리비나 추가 비용이 더 들 수도 있습니다. 또한 밀린

관리비 문제, 명도 비용까지도 다 예상해서 이득이 되는 판단을 하셔야돼요. 그렇기 때문에 낙찰을 받으실 땐 잘 비교해보고 이득되는 판단을 해야됩니다. 꼭 명심하세요."

그 말을 듣는 순간, 머릿속이 맑아졌다.

'아, 급매와 경매를 단순히 가격으로만 비교하면 안 되겠구나. 공부 열심히해서 낙찰을 받아야겠다. 잘못하면 낭패를 볼 수도 있겠네'

또 다른 궁금증이 생겼다. 나는 돈잘샘한테 하나 더 물어봤다.

"돈잘샘! 혹시 임차인이 보상을 전혀 못 받는 경우는 어떻게 확인하나요? 그리고 조금 받는 경우, 다 받는 경우는 각각 어떻게 판단해야 하나요? 명도를 하는 이 부분이 참 어렵게 느껴지네요. 생각만 해도 가슴이 답답해지더라구요."

돈잘샘은 잠시 생각하시더니, 미소를 지었다.

"좋은 질문이에요. 임차인 보상 문제는 명도와 직결되는 핵심 포인트예요. 임차인이 전혀 보상을 못 받으면, 이사 나가는 과정에서 상당히 애를 먹을 수 있어요. 그래서 보통은 이사비용 정도는 별도로 감안하시는 게 좋습니다. 개인적인 저의 경험으로 볼 때는, 강제집행 비용의 반정도 가격이하로 진행을 하는 편이예요. 32평형 아파트라면 강제집행비용이 대략 4~500만원정도 들어가거든요.
반대로, 임차인이 배당을 다 받거나, 일부라도 받는 경우는 훨씬 수월합니다. 왜냐면 배당을 받기 위해선 '낙찰자의 인감도장이 찍힌 명도확인서'와'낙찰자 인감증명서'를 가지고 법원에 가서 배당을 받아야 되거든요. 그래서 명도가 매우 쉽습니다."

그날 실전투자반 수업이 끝나고, 집으로 가면서 생각에 빠졌다.

'경매는 공부할 것이 생각보다 많구나. 더욱 더 열심히 해서 빨리 낙찰을 받아서 몸으로 부딪히면서 배우고 싶다'

경매는 물건을 잘 찾고, 잘 분석하고, 잘 낙찰만 받으면 거의 끝이라고 생각했는데, 그 이후로도 신경 쓸 것이 생각보다 많다는 것을 느꼈다.

나의 상황에 맞는 물건을 찾아서 분석하고 임장가고 시세파악 후 낙찰받고, 대출을 받아서 완납하고, 명도를 하고, 인테리어하고, 부동산에 내놓고, 세금까지... 이 모든 것들을 다 해야 한 바퀴가 돈다고 생각하니 아직 한참 멀었다는 생각이 들었다.

그날 이후로 나는 다짐했다.

"조만간 무조건 낙찰 받는다. 한 싸이클 진행해본다!"

주택임대차 보호법과 임차인의 권리 정리

주택임대차보호법과 최우선변제권

- 주택임대차보호법은 임차인의 보증금을 보호하기 위한 특별법으로, 소액임차인 최우선변제권을 포함하고 있음.

- 최우선변제권은 말소기준권리(근저당)랑 크게 상관없이, 국가에서 정한 소액임차인이라면 근저당 기준으로 해당하는 소액금액을 우선적으로 배당받을 수 있는 권리를 의미함.

임차인의 3가지 권리

① 대항력: 임차인이 전입신고 + 주택 점유 시 다음날 0시부터 임대차 계약을 주장할 수 있는 권리

② 우선변제권: 전입신고+점유를 하여 대항력 요건을 갖추고 + 확정일자를 갖춘다면 후순위 권리자보다 먼저 배당받을 수 있는 권리

③ 최우선변제권: 소액임차인에 한해, 대항력 요건만 갖추고 배당요구를 하면 일정 금액을 1순위로 변제받을 수 있는 권리

- ✓ 우선변제권은 모든 임차인에게 적용되지만, 최우선변제권은 소액임차인에게만 적용됨
- ✓ 전세권자는 보증금 액수와 상관없이 주택임대차보호법상 보호를 받지 못함

선순위 vs 후순위 임차인의 배당 가능성

- 선순위 임차인 → 말소기준권리(근저당)보다 앞선 대항력을 가질 경우 배당 가능성이 높음

- 후순위 임차인 → 최우선변제권 적용 외에는 배당 순서대로 배당됨

소액임차인의 최우선변제권 적용 사례

- 소액임차인은 지역별 보증금 한도를 초과하지 않는 경우에만 보호됨
- 보증금 한도 내에서는 '최우선변제금'만큼은 1순위로 변제받을 수 있음

최우선변제권 적용 요건

- 대항력 요건(전입신고 + 점유)만 갖추면 가능
- 배당요구를 해야 최우선변제권을 행사할 수 있음
- 우선변제권을 받으려면 '확정일자'를 추가로 받아야 함

순서	설정 시점	적용 지역	소액 보증금 범위	최우선 변제 금액
1	1990.2.19. ~	서울 지역	2,000만 원 이하	700만 원
		기타 지역	1,500만 원 이하	500만 원
2	1995.10.19. ~	전 지역	3,000만 원 이하	1,200만 원
3	2001.9.15. ~	서울특별시, 직할시	4,000만 원 이하	1,400만 원
		광역시(인천 제외), 과밀억제권역	3,500만 원 이하	1,200만 원
		기타 지역	3,000만 원 이하	1,000만 원
4	2008.8.21. ~	서울특별시, 과밀억제권역	6,500만 원 이하	2,200만 원
		광역시(인천 제외), 안산시, 용인시, 김포시, 광주시	5,500만 원 이하	1,900만 원
		기타 지역	4,500만 원 이하	1,500만 원

		지역	보증금 범위	최우선변제액
5	2010.7.26. ~	서울특별시, 과밀억제권역	7,000만 원 이하	2,400만 원
		광역시(인천 제외), 안산시, 용인시, 김포시, 광주시	6,000만 원 이하	2,000만 원
		기타 지역	5,000만 원 이하	1,700만 원
6	2014.1.1. ~	서울특별시, 과밀억제권역	8,000만 원 이하	2,700만 원
		광역시(인천 제외), 안산시, 용인시, 김포시, 광주시	6,000만 원 이하	2,000만 원
		기타 지역	5,000만 원 이하	1,700만 원
7	2016.3.31. ~	서울특별시, 과밀억제권역	1억 원 이하	3,400만 원
		광역시(인천 제외), 안산시 등	6,000만 원 이하	2,000만 원
		기타 지역	6,000만 원 이하	2,000만 원
8	2018.9.18. ~	서울특별시, 과밀억제권역	1억 1천만 원 이하	3,700만 원
		광역시(인천 제외), 안산시 등	6,500만 원 이하	2,200만 원
		기타 지역	6,500만 원 이하	2,200만 원
9	2021.5.11. ~	서울특별시, 과밀억제권역	1억 5천만 원 이하	4,300만 원
		광역시(인천 제외), 안산시 등	1억 3천만 원 이하	3,400만 원
		기타 지역	7,000만 원 이하	2,300만 원
10	2023.2.21. ~	서울특별시, 과밀억제권역	1억 6천5백만 원 이하	5,500만 원
		광역시(인천 제외), 안산시 등	1억 1천5백만 원 이하	3,800만 원
		기타 지역	7,500만 원 이하	2,500만 원

- 사례 분석

사례	날짜	지역	보증금	최우선변제권 보호 여부	배당 가능 금액
EX1	24.1.1	서울	5,500만원 (월 60만원)	보호됨 (소액임차인 기준: 1억 6,500만원 이하)	5,500만원 전액 배당 가능
EX2	14.2.2	포천	5,000만원	보호 안 됨 (소액임차인 기준 초과)	배당 불가
EX3	20.1.1	인천 부평	8,000만원	보호됨 (소액임차인 기준: 1억 이하)	3,400만원 최우선변제 가능, 나머지는 배당 순위에 따라 변제

■ 생각 넓히기

- 임차인은 전입신고와 점유를 통해 대항력을 얻고, 확정일자를 받으면 우선변제권까지 확보할 수 있음
- 소액임차인은 최우선변제권을 통해 일정금액을 1순위로 변제받을 수 있음
- 경매 시 임차인의 배당 가능성은 말소기준권리와 대항력 날짜, 소액임차인 여부에 따라 달라짐

며칠후 수업시간에 경매랑 공매랑 어떤 것이 더 좋은지도 물어봤다.

"경매랑 공매는 장단점이 다 있습니다. 아래 표로 알려드릴께요."

"아~ 그렇군요. 결국은 본인이 판단해서 선택하면되네요. 전 경매부터 시작해보겠습니다. 세입자가 나가지 않으면 곤란하니까요."

구분	장점	단점
경매	• 인도명령제도가 있어 명도가 확실함 • 경매 정보가 체계적으로 정리되어 있음 (입찰자 많음)	• 법원에 직접 가야 함 (불편함) • 경쟁자가 많아 낙찰가 상승 가능성 있음
공매	• 온라인 진행 가능해 편리함 (입찰자 많음)	• 인도명령제도가 없어 명도가 불확실함 • 정보가 적어 분석이 어려움 (입찰자 적음)

수업을 마치고 집으로 돌아가는 길, 이제는 어느정도 준비가 되었다는 생각이 들었고, 낙찰을 받기 위해 조금만 빠르게 준비해야겠다고 생각했다.

나는 물건을 분석하면서 종종 마음에 드는 물건이 보이면 그 물건이 내 것이 되면 얼마나 좋을까 하는 상상을 하곤 했다.

경매는 초보와 고수가 노는 물이 다릅니다

초보는 대체로 쉬운 물건들(주택,상가)를 집중적으로 한다면
고수들은 대체로 권리관계가 어렵고, 소송까지도 갈 수 있는 물건들을
위주로 입찰을 하기 때문에 만나기가 쉽지 않습니다.
그러나 너무 걱정마십쇼. 오히려 고수들이 초보를 만나면 이기기
어렵습니다. 그 이유는 고수들은 들어가는 비용을 조목조목 파악해서
입찰에 들어가기 때문에, 정확히 측정하지 못하고 입찰가를 높이 적는
초보를 이길 수가 없기 때문입니다. (초보가 낙찰은 받으나 수익은 낮다.)

한 번의 낙찰 경험이 인생을 바꾼다

경매는 '준비 → 낙찰 → 계약'까지 한 번의 사이클을 돌려보는 순간,
감각이 완전히 달라집니다.
한 번이라도 실전을 경험하면, 그 이후부터는
물건 분석 속도도 빨라지고, 판단력도 훨씬 예리해집니다.
즉, 경매는 이론보다 실전 한 번이 훨씬 강력한 공부입니다.

입찰 전, 반드시 멘토에게 검증받자

물건을 충분히 분석하고, 임장까지 다녀온 후 입찰을 준비하고 있다면
그때가 가장 위험한 순간입니다. '이 정도면 괜찮겠지'라는 생각 대신,
믿을 수 있는 멘토나 경험자에게 꼭 검증을 받으세요. 의외로 많은 초보 투
자자들이 마지막 확인을 생략했다가 권리관계나 점유 문제로 손해를 보는
경우가 적지 않습니다.

정리하자면, 좋은 경매의 3단계는 다음과 같습니다.

✓ 안전한 물건으로 첫 사이클을 완주하라.

✓ 경험을 통해 분석 속도와 감을 키워라.

✓ 항상 멘토의 검증을 거쳐 리스크를 줄여라.

첫 법원 체험, 설레는 하루

　며칠 후, 모임 일정 중에 '법원 체험'이 예정되어 있어서 신청했다. 그리고 드디어 약속된 날, 정해진 시간에 맞춰 서울북부지방법원으로 향했다. 도봉역 바로 옆에 위치한 법원은 크고 깨끗했으며, 가까이서 바라보니 웅장한 기운이 느껴졌다. 법원 안으로 들어서자, 생각보다 많은 사람들이 오가고 있었다. 그날은 나를 포함해 6명의 회원님들과 돈잘샘이 함께했다. 간단히 인사를 나누고 5분쯤 지나고, 돈잘샘의 설명이 시작되었다.

　돈잘샘은 자분한 목소리로 법원에서 경매가 진행되는 일반적인 절차, 법원 방문 시 주의해야 할 점, 입찰 시 실수하지 않는 법,
　그리고 입찰을 잘하는 핵심 포인트까지 차근차근 알려주셨다.
　경매법정 안으로 들어가 보니, 실제 입찰용 흰봉투와 갈색봉투, 그리고 기일입찰표가 비치되어 있었다. (일부 법원은 직접 준비해

가야 하는 경우도 있다.) 법정을 한 바퀴 둘러본 뒤, 우리는 조용한 공간으로 이동해 입찰표 작성법을 배우고, 모의 입찰서 작성 실습을 진행했다.

다시 법정으로 들어가자, 실제 입찰이 진행되고 있었다. 입찰자들은 차례대로 서류를 제출하고, 신분증 확인을 받은 후 봉투의 끝부분을 절취해 본인이 보관했다. 그다음, 봉투와 서류를 투명한 아크릴 박스에 넣고 자리로 돌아가는 모습이 인상적이었다.

우리 모임은 모의투표를 진행했고, 선택한 물건의 결과를 기다렸다.

약 1시간 후, 드디어 결과 발표! 아쉽게도 낙찰에는 실패했다.ㅜㅜ

그래도 결과는 3등! 비록 연습이었지만, 실제처럼 떨리고 재미
있었다.

'아직 갈 길이 멀구나...'라는 생각이 들면서도 묘한 자신감이 피
어올랐다.

법원을 나서며 서로 짧은 소감을 나누고 헤어졌다. 집으로 돌아
가는 길, 마음속에서는 이미 다짐이 생겼다.

'다음 번에는 꼭 진짜 입찰해서, 낙찰받고 말 거야.' 그 순
간부터, 나는 또 다시 좋은 물건을 찾는 여정에 불타올랐다.

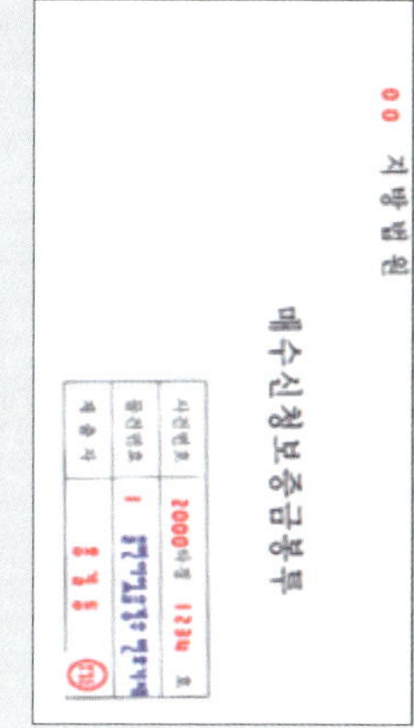
○○ 지방법원
매수신청보증금봉투

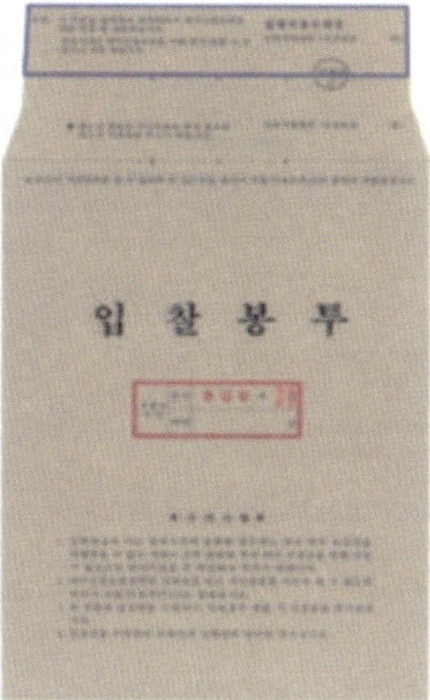
입 찰 봉 투

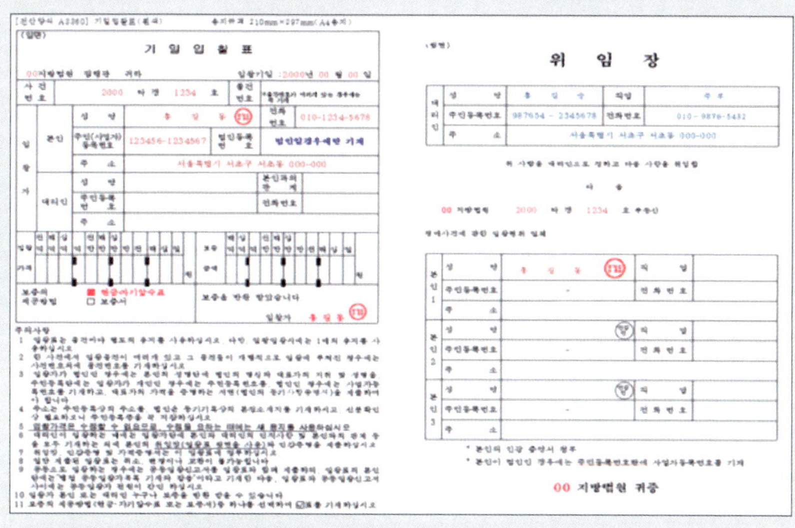
기 일 입 찰 표
위 임 장
00 지방법원 귀중

부동산 경매 입찰 절차 및 유의사항

법원 방문 전 준비 사항

- ✓ 입찰 마감 시간 확인 후, 입찰 시작 1시간 전 도착을 권장합니다.
- ✓ 당일 아침, 해당 사건이 정상 진행되는지 반드시 재확인하세요.
- ✓ 법원 인근 주차장 위치를 미리 파악해 두세요.
  (주차 문제로 입찰을 놓치는 경우가 실제로 많습니다.)

입찰 시 필수 준비물

- ✓ 개인 입찰: 신분증, 도장(or 지장),
  입찰보증금(최저가의 10% 이상, 보통 수표로)
- ✓ 대리 입찰: 위임장(소유자 될 사람의 인감도장 날인).
  인감증명서 1통 (발급일 3개월 이내).

입찰 방식 (기일입찰)

- ✓ 입찰 희망자는 정해진 날짜(기일)에 법원에 출석하여 입찰표와 보증금을 제출합니다.
- ✓ 가장 높은 금액을 써낸 사람이 최고가 매수신고인으로 선정됩니다.
- ✓ 입찰 당일 한 번만 출석하면 결과를 바로 확인할 수 있습니다.

입찰가격 설정 및 작성 요령

- ✓ 입찰 전 가격을 미리 결정하고 방문.
- ✓ 실수를 방지하기 위해 미리 출력해서 작성하는 것도 방법.
- ✓ 금액 기록 시 실수하면 새로운 종이에 다시 작성해야 함.

입찰가격 및 보증금 관련 유의사항

- ✓ 입찰가격과 보증금은 수정 불가 (수정 시 입찰 무효).

✓ 입찰보증금: 일반 입찰 → 최저가의 10% 이상.
재매각 시 → 보통 20% 이상 필요.

대리입찰 및 입찰 시 유의사항

대리입찰 필수 준비물
✓ 대리인 : 신분증, 도장
✓ 소유자(낙찰자 명의자) : 인감증명서(3개월 이내), 인감도장,
위임장(인감도장 날인)
✓ 입찰보증금 : 반드시 지참 (수표 권장)

입찰 시 유의사항
✓ 무리한 입찰은 금물! → '욕심'은 경매의 가장 큰 적입니다.
✓ 자신을 80%만 믿자
→ 항상 신중하게 판단하고, 냉정하게 계산하세요.
✓ 입찰가 기재 시 실수 주의! → 0을 하나 더 쓰는 단순 실수가 수천만 원
손해로 이어질 수 있습니다.
→ 틀리면 반드시 새 종이에 다시 작성하세요.

경매 물건 접근 마인드
✓ 하나의 매물에 집착하지 말 것.
✓ 낙찰 실패 후에는 '받으면 좋고, 안 되도 괜찮다'는 마음을 유지하세요.
✓ 좋은 기회는 언제든 다시 옵니다.

"머리는 차갑게, 가슴은 뜨겁게."
— 경매인의 기본 자세

발견,
그리고
도전

   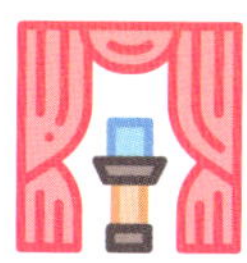 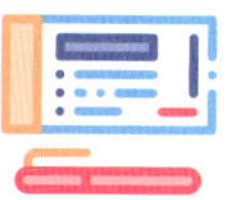 

좋은 물건 찾았다!

　법원 체험을 다녀온 후, 며칠 동안은 배운 대로 정말 열심히 물건을 검색했다. 하루, 이틀, 삼일... 그렇게 시간이 흐르자, 몇 개의 물건이 눈에 들어오기 시작했다. 그 중 하나의 물건에 유난히 눈길이 갔다.

　'이거... 느낌이 괜찮은데?' 하는 생각이 들 정도였다. 고민 끝에, 결국 돈잘샘에게 전화를 걸었다.

　"돈잘샘, 제가 요 며칠 검색을 하다가 꽤 괜찮은 물건을 하나 찾은 것 같아요. 서울 중랑구 묵동에 있는 빌라인데요, 내배사도 높지 않고, 전월세 거래도 잘 되는 것 같아요. 가격도 착하고, 분위기도 좋아 보여요."

　잠시 전화 너머에서 조용한 숨소리가 들렸다. 그리고 이내, 익숙한 미소가 묻어나는 목소리가 들려왔다.

"오호~ 태산님, 아주 잘하고 계신데요? 열심히 찾는 그 자세, 정말 좋아요.묵동 쪽이면 한 번 살펴볼 만하죠. 그 동네, 의외로 거래 흐름이 나쁘지 않아요. 잠깐만요… 자료 좀 더 확인해볼게요."

시세조사 & 입찰가격 산정

경매의 안전성
- ✓ 부동산 경매의 가장 큰 장점은 시세보다 저렴하게 매입 가능.
- ✓ 낙찰을 받는 순간 이미 '싸게 산 것'이므로, 부동산 가격이 오르지 않아도 수익 실현이 가능하다.
- ✓ 결국, 경매의 핵심은 '시세보다 싸게 낙찰받는 것'이다.

손품 조사(사전조사) 핵심 3가지
입찰 전, 반드시 아래 세 가지 질문에 답할 수 있어야 한다.

- ✓ 내가 조사한 시세가 정확한가?
- ✓ 원하는 가격에 낙찰받을 수 있는가?
- ✓ 낙찰 후, 원하는 가격에 매도(또는 임대)가 가능한가?

이 세 가지가 명확할 때, 경매는 '도박'이 아닌 '투자'가 된다.

입찰가격 산정의 핵심 원칙
- ✓ 입찰가는 '감'이 아니라 데이터로 정해야 한다.
- ✓ 팔리는 가격을 정확히 아는 것이 수익의 출발점이다
- ✓ 낙찰가는 반드시 시세보다 낮아야 한다.
  - → "싸게 사지 못한 낙찰은 이미 실패한 투자다."

시세조사의 중요성과 실전 팁
- ✓ 시세조사는 경매의 70%를 차지한다.

정확하지 않은 시세는, 그 어떤 권리분석보다 위험하다.

- **시세조사 3단계 루틴**
  - ✓ 국토교통부 실거래가 → 최근 거래된 실제 매매가 확인
  - ✓ 네이버 부동산 → 매매 및 전·월세 시세 흐름 파악
  - ✓ 임장 (현장조사) → 지역 내 공인중개사 3~5곳 방문 후 체감시세 확인

- **Tip**
  시세조사 후 엑셀이나 노트에 "실거래가 / 호가 / 예상낙찰가"를 표로 정리하면 입찰가 산정이 훨씬 명확해진다.

임장조사 (현장 방문)
- ✓ 시세조사 후 수익률을 계산하고, 충분한 수익이 보이면 현장조사 진행.
- ✓ 건물 상태, 주변 환경, 임차인 현황 등은 반드시 직접 눈으로 확인.
- ✓ 현장 분위기와 실거래 흐름을 직접 느껴야 '진짜 가격'이 보인다.

마지막 단계: 입찰 전 확인
- ✓ 조사한 내용이 맞다고 확신이 든다면 법원에 가서 입찰 진행.
- ✓ 단, 처음이라면 반드시 멘토에게 한 번은 검토받을 것.
  - → 경험자의 한마디가, 실수로 인한 수백만 원의 손실을 막아준다.

> **"시세를 정확히 알고, 싸게 사면
> 경매는 이미 절반 이상 성공이다."**

(1~2분 후) 돈잘샘의 목소리가 다시 들려왔다.

“이 물건, 나쁘지 않네요. 준공 20년 정도 된 빌라고, 말소기준등기를 확인해보니 인수해야 할 권리는 없습니다. 다만 한 가지 조심할 점은 있어요. 꼭 현장에 가서 상태를 직접 확인해보세요. 또 주변 환경이 살기 쾌적한지, 교통은 편리한지, 주변 인프라는 어떤지 꼼꼼히 살펴보고, 인근 부동산에도 들러 실제 거래가 잘 되는지 확인해보면 좋습니다. 그렇게 임장을 다녀보고 괜찮다고 느껴진다면, 도전해보셔도 좋을 것 같아요.”

“감사합니다! 이번 물건은 정말 마음에 들어요. 꼭 낙찰받고 싶어요. 이거 받으면 소고기 쏠께요~ 좋은 맛집 알아났습니다. 하하”

돈잘샘이 웃으며 말했다.

“하하~ 열심히 하시니까 분명 좋은 결과 있을 거예요. 다만 한 가지, 그 물건에 너무 마음을 주진 마세요. 경매는 결과가 어떻게 될지 모르거든요. 너무 애정을 쏟으면, 혹시 떨어졌을 때 마음이 크게 다칠 수 있습니다. 항상 ‘네 번 입찰하면 한 번은 낙찰된다’는 마음으로 하세요. 그게 정신건강에 제일 좋습니다.”

“넵, 명심하겠습니다, 샘!”

전화를 끊고 나서, 나는 마음을 가다듬었다.

'그래, 내일은 꼭 임장 가서 직접 확인해보자.'

그날 밤, 묵동의 지도와 교통편을 검색하며, 낙찰의 첫걸음을 준비했다.

손품(시세 조사) 후에는 반드시 발품(임장 조사)

- ✓ 온라인 조사만으로 분석이 다 끝났다고 생각하면 안 됩니다. 현장을 직접 봐야 실제 상태, 주변 분위기, 생활 인프라를 정확히 파악할 수 있습니다.
- ✓ 손품 + 발품 = 완벽한 준비. 이 두 가지가 함께 해야 실력이 쌓입니다.

현장 조사는 최소 1회, 많아도 2회면 충분

- ✓ 실제 방문을 통해 사진이나 지도에서는 보이지 않는 문제를 발견할 수 있음. (예: 주변 소음, 조망, 주차 여건, 관리 상태 등)
- ✓ 하지만 너무 자주 방문하면 시간 낭비가 될 수 있으니, 핵심 포인트 중심으로 효율적 조사가 중요합니다.

임장 시 비교 조사 필수!

- ✓ 유사한 물건을 2개 이상 함께 임장하면, 상대적 가치를 더 명확히 판단할 수 있습니다.
- ✓ 임장을 가는 김에 2개 이상을 보고 오면 시간과 에너지 절약이 가능합니다.

주택 vs 상가 — 임장의 핵심 포인트 차이

- **주택 임장 포인트**
  내부 구조와 관리 상태(누수, 곰팡이, 창문 상태 등)
  주변 주거 환경, 학군, 교통 접근성
  인근 매매 및 전월세 거래 상황

- 상가 임장 포인트

    상권의 활성화 정도 (유동인구, 매출 가능성, 피크타임 체크)

    경쟁 상권, 공실률, 인근 신규 상가 건축 여부

    실제 임차인 인터뷰나 상인회 대화로 '현장 분위기' 파악

이것이 임장이구나

서울 먹골역 7번 출구. 그곳엔 이미 돈잘샘과 다섯 명의 회원들이 모여 있었다. 나도 일찍 도착했지만, 모두 나보다 먼저 와 있었다.

'역시 다들 열정이 대단하구나.' 마음속으로 감탄했다.

오늘 우리가 조사할 물건은 역에서 약 400m 떨어진 빌라였다. 걸어가는 길에 보니, 동네는 생각보다 깔끔했고 날씨까지 따뜻해 금세 기분이 좋아졌다. 빌라가 눈앞에 보이자, 돈잘샘이 환한 미소로 말했다.

"자~ 도착했습니다. 오늘 우리가 조사할 빌라는 저기입니다!"

그의 목소리는 활기가 넘쳤고, 회원들은 조금이라도 더 배우려는 눈빛으로 집중하고 있었다. 도착한 곳은 준공된 지 20년이 넘은 4층짜리 빌라. 세월의 흔적이 곳곳에 묻어 있었지만, 묘하게 '관리

만 잘하면 괜찮을 것 같다'는 느낌을 주는 집이었다. 벽면의 페인트는 군데군데 벗겨져 있었고, 우편함에는 각종 고지서와 전단지가 수북이 쌓여 있었다.

'여긴 한동안 사람이 살지 않았겠구나.' 직감적으로 그런 생각이 들었다.

그날 임장에서 가장 적극적으로 질문을 던진 사람은 매직님이었다.

경매 경험이 있어 보이는 50대 초반의 여성으로, 관찰력과 호기심이 돋보였다.

"돈잘샘, 이 정도 물건이면 경쟁이 꽤 치열할 것 같은데요.

이런 빌라를 조사할 때, 특히 주의해서 봐야 할 점이 있을까요?”

돈잘샘은 고개를 끄덕이며 차분히 설명을 이어갔다.

“좋은 질문이에요. 건물을 볼 때는 눈에 보이는 것부터 하나씩 꼼꼼히 살펴야 합니다. 벽 균열, 누수 흔적, 창문 틀의 상태 같은 걸 체크하세요. 그리고 집이 ‘살고 있는 집’인지, ‘비어 있는 집’인지도 중요해요. 우편함에 전단지나 고지서가 잔뜩 쌓여 있으면
그건 사람이 한동안 살지 않았다는 징표입니다. 또, 방향과 조망권도 꼭 확인하고요. 마지막으로, 인테리어 비용까지 미리 예상해 두면 낙찰 후 당황할 일이 없습니다.”

돈잘샘의 설명이 끝나자, 모두들 고개를 끄덕이며 빌라를 이리저리 둘러보기 시작했다. 그 순간, 나는 확실히 느꼈다.
‘아… 이게 바로 진짜 임장이구나.’

우리는 건물을 좀 더 자세히 살펴보기 시작했다. 페인트가 군데군데 벗겨져 있었지만 금이 간 곳은 없었다. 입구는 다소 지저분했지만, 청소만 하면 충분히 깔끔해질 것 같았다. 경매로 나온 집의 창문은 하이샷시로 되어 있었고(하얀색 샷시), 교체비용도 크게 들지 않을 듯했다. 건물 앞에는 세대당 1대씩 주차할 수 있는 공간도 마련되어 있었다.
주변 조사를 위해 우리는 두 팀으로 나뉘어 근처 부동산들을 방

96

문했다. 첫 번째 부동산에 들어서자 사장님이 반갑게 맞아주었다. 전월세와 매매 시세를 묻자 친절히 설명해주셨지만, '경매 물건'이 라는 말을 꺼내자 잠시 표정이 굳었다. 그래도 끝까지 성심껏 설명 해주셨다. 우리는 감사 인사를 전하며, "낙찰받으면 월세 놓을 테니 잘 부탁드립니다."라고 말했다.

두 번째 부동산에서는 "경매 물건에 대해서는 드릴 말씀이 없습 니다."라며 정중히 거절하셨다. 조금 아쉬웠지만, 이해하고 넘어갔 다. 다음 부동산에서는 바쁜 와중에도 대략적인 시세와 물건 상황 만 간단히 알려주고 "낙찰받고 오세요."라며 웃어넘기셨다. 서운했 지만, 그 또한 현장의 현실이란 걸 느꼈다.

약 1시간 뒤, 두 팀이 다시 모여 정보를 공유했다. 이 물건은 편 의점과 다양한 상점이 근처에 있어 생활 인프라가 좋고, 지하철역 도 가까웠다. 건물 외관은 조금 낡았지만 청소만 하면 충분히 매력 적인 모습으로 바뀔 것 같았다.

결론은 명확했다.' 이 물건은 싸게만 낙찰되면 수익성은 확실하 겠다.'

임장을 마친 후, 우리는 근처 치킨집에서 시원한 맥주 한잔을 나 누며 피드백 미팅을 했다. 각자 경험담을 공유하고, 낙찰 비법과 실 패담을 웃으며 이야기하던 시간은 순식간에 흘러갔다. 그러다보니 2시간이 금방 지나갔고 다들 헤어졌다. 지하철을 타고 집에 오는데 좀 피곤했다. 그래도 기분은 묘하게 좋았다. 이번에 내가 낙찰 받을 수도 있다는 기대감이 었던 것 같다. 침대에 누워 오늘의 임장을 떠 올리며, 내일의 도전을 준비했다.

부동산 경매
임장(현장답사)
체크리스트

임장 체크리스트

구분	주요 항목	세부 점검 내용	확인
1. 건물 외관 상태	외벽/도장	균열, 페인트 벗겨짐 여부	☐
	창문/베란다	방충망, 배수 상태, 결로 여부	☐
	옥상/지붕	누수 흔적, 방수 상태	☐
	공용공간	복도·계단·주차장 청결도	☐
	관리비 체납	관리비, 수도, 전기 미납 여부	☐
2. 내부 상태 (가능 시)	벽/바닥/천장	곰팡이, 습기, 누수, 하자 여부	☐
	환기/채광	창문 방향, 조망, 일조량	☐
	소음/냄새	도로, 주변 공사 등 소음 정도	☐
	화장실/보일러	작동 여부 및 상태	☐
	인테리어 예상	도배·장판·보수비 예상금액	☐
3. 입지 및 주변 환경	교통 접근성	역/버스 거리, 도보 이동 편의성	☐
	생활 편의시설	마트, 학교, 병원, 은행 등	☐
	개발 호재	재개발·도로확장 등 인근 개발 여부	☐
	유동인구/상권	상가일 경우 유동인구, 공실률	☐
	생활 환경	치안, 악취, 조용함 여부	☐
4. 시세 및 수익성	실거래가 비교	인근 매매/전세/월세 시세 조사	☐
	수익률 계산	낙찰가 대비 임대수익률 검토	☐
	리모델링비	총 투자금(수리+세금 포함) 산출	☐
5. 명도 및 권리관계	점유자 확인	실제 거주자(전입세대 열람) 확인	☐
	배당 관계	인수되는 권리 여부 확인	☐
	명도 난이도	협조적 여부, 이사비 필요성	☐
6. 현장 기록 메모	사진/영상	외관, 내부, 주변 환경	☐
	현장 느낌	"깔끔함/소음 있음/조용함" 등 메모	☐
	방문 횟수	1회/2회/기타	☐

경매 입찰을 결심한 태산 & 돈잘샘의 조언

며칠 전 다녀온 묵동의 빌라가 머릿속에서 떠나지 않았다.

'이렇게 하는 게 맞을까? 정말 이 물건에 입찰해도 괜찮을까?

낙찰을 받았다가 잘못되면 어쩌나, 명도는 어떻게 해야 하나, 대출은 나올까…'

하나하나 걱정이 꼬리를 물었다. 혼자 감당하기엔 막막했고, 불안한 마음이 쉽게 가라앉지 않았다. 결국, 나는 다시 돈잘샘에게 전화를 걸었다.

"돈잘샘… 저번에 봤던 묵동 빌라요. 입찰을 하려는데, 계속 마음이 불안해서요. 낙찰받고 잘못되면 어떡하죠? 명도도 걱정되고, 대출이 안 나오면 어쩌죠? 혼자 하려니 겁이 납니다."

돈잘샘의 믿음직한 목소리가 들려왔다.

"태산님, 걱정하지 마세요. 지난 두 달 동안 공부하고 조사한 걸

보면 충분히 할 수 있어요. 사실 1년을 더 공부해도, 입찰하러가면 불안한 것은 마찬가지예요. 누구나 모든 시작은 두렵습니다. 하지만 중요한 건 ― 조사로 문제 없다고 판단되면 행동하는 용기예요. 태산님은 그래도 열심히 준비했으니까 잘될겁니다. 궁금하거나, 어려운 게 있으면 언제든 저한테 물어보세요. 경매는, 준비된 사람이 하면 충분히 안전하고, 수익이 나는 투자랍니다.”

그 말을 듣자 마음이 한결 가벼워졌다. 두려움 대신, 작은 자신감이 피어올랐다.

“칭찬 들으니까 갑자기 용기가 나네요. 그럼 도전해보겠습니다. 근데… 하나만 더 여쭤봐도 될까요? 제가 최근에 퇴사했는데, 그래도 대출이 문제없이 나올까요?”

“좋아요, 몇 가지만 확인해볼게요. 지금 유주택자세요? 아니면 무주택자? 그리고 매달 카드 사용액은 얼마 정도 돼요?”

“무주택자고요. 카드값은 한 100만 원 정도 나갑니다.”

“그럼 괜찮아요. 그 정도면 대출 문제는 없을 것 같네요. 걱정 말고, 준비 잘 하세요. 잘 될겁니다. 그리고 좀 있다가 제기 잘아는 대출 상담사님 전화 드리라고 할테니깐, 전화 받으시고 물어보는 것 잘 대답해주시면 대출이 되는지 안되는지 정확히 아시게 될겁니

다. 전화 잘 받으세요."

　나는 심장이 떨려 힘든데, 돈잘샘은 아무일 아니라는 식으로 말씀을 하셔서 신기했다. 하긴 몇십 번을 해보셨다고 하니 그럴 수 있겠다고 생각이 들었다. 좀 있다가 대출 상담사님께서 전화가 왔고, 돈잘샘이 물어본 것이랑 신용도, 수입, 카드사용내역 등등 물어보시고 몇가지 서류 달라고해서 드렸더니, 대출 문제없이 나온다고 해서 사이다를 먹은 것처럼 가슴이 시원해졌다. 이제는 GOGO-GO!! 꼭 낙찰 받는다. ㅎ

　드디어, 그날이 왔다. 내 인생 첫 경매 입찰일. 오늘의 경매는

대출 준비의 중요성

✓ 사전 대출 상담은 필수!

→ 낙찰 후 대출이 나오지 않으면 자금 문제가 발생할 수 있음.

✓ 입찰 전 반드시 '경락자금대출 상담사'와 상담

→ 본인 상황에서 대출이 가능한지, 한도는 얼마인지 확인 후 입찰해야 함. 시기에 따라서 대출 조건이 계속 달라지기 때문에 입찰전에 매번 연락해서 물어봐야 된다. 매우 중요한 사항이다.

✓ 대출 승인 불가 시 리스크 발생

→ 낙찰금 미납 시 보증금 몰수, 신용도 하락 등 큰 손실로 이어질 수 있음.

대출 가능 여부 체크 항목

항목	확인 내용	비고
직업 유무	현재 근로/사업소득 여부	무직자는 제한적
주택 보유 여부	유주택자 / 무주택자	무주택자일수록 유리
기존 대출	신용대출 · 담보대출 보유 여부	총부채비율(DSR)에 반영
신용도	신용점수에 따라 한도 및 금리 차이	850점 이상 우대
소득 수준	최근 소득 증빙 가능 금액	근로소득원천징수 또는 소득금액증명 필요

구분	설명
낙찰가율	낙찰가 ÷ 감정가 비율, 높을수록 대출 한도 ↓
대출 한도	보통 낙찰가의 70~80% 수준 (은행 · 신용도에 따라 상이)
금리 및 상환 조건	금리, 거치기간, 상환 방식(원리금균등 / 만기일시) 확인
중도상환 수수료	조기 상환 시 수수료 발생 여부 확인
대출 실행 시기	소유권이전등기 직전, 보통 낙찰허가 결정 후 실행 가능

입찰전 대출 가능 여부를 확인하는 것은 보험을 드는 일

✓ 공부도 중요하지만 '안전한 자금 계획'을 잘 준비하는게 매우 중요
하다.

절대적으로 감으로 입찰하지 마세요!!

첫 입찰의 떨림

서울북부지방법원에서 진행된다. 가슴이 쿵쾅거렸다.

'드디어 내가 진짜 입찰하러 가는구나.' 그동안 공부하고, 임장 다니고, 계산기를 붙잡고 고민했던 날들이 주마등처럼 스쳤다. 돈잘샘과 함께 법원에 도착하니, 오늘은 요정님과 매직님도 와 있었다.

매직님은 저번에 같이 임장도 다녀왔던 분이고, 최근에 경매로 멋진 성과를 거둔 분이었다. 그런 분들이 나를 응원하러 와 주다니, 그 자체로 든든했다.

법원 안에는 이미 사람들로 가득했다. 나는 주위를 둘러보며 속으로 중얼거렸다.

'설마... 이 많은 사람들이 전부 내가 들어가는 물건에 들어오는 건 아니겠지...?' 긴장이 됐다. 그때, 매직님이 다정하게 말했다.

"걱정 마세요. 태산님이라면 잘하실 거예요."

입찰서를 경매법정 앞에가서 받아와 기록하고 있는데, 돈잘샘이 속삭였다.

"그래서, 얼마에 쓸 건가요?"

나는 며칠간의 조사 끝에 시세를 약 1억 8천만 원으로 판단했다.
그래서 처음엔 1억 4,500만 원을 써내려 했지만, 돈잘샘은 고개를 저었다.
"조금만 더 쓰세요. 너무 보수적으로 가면, 아쉽게 놓칠 수도 있

어요. 경매는 내가 후회하지 않을 정도의 금액을 써야돼요. 그렇다
고 너무 높게 써도 안되고, 2~3등 정도 할 금액으로 적어야 됩니
다. 명심하세요.”

결국 나는 마음을 고쳐먹고 1억 4,800만 원으로 결정했다.
돈잘샘은 웃으며 말했다.

“좋아요. 오늘은 결과가 어떻게 될지 모르지만, 분명 좋은 경험
이 될 겁니다.”

입찰 마감시간이 다가왔다. 공기마저 긴장감으로 꽉 찼다. 서류
를 제출하고 자리에 앉는 순간, 심장이 두 배로 빨리 뛰었다. 재판
관이 천천히 결과를 발표하기 시작했다.

“자, 다음은 ○○동 빌라입니다.”

드디어 내 차례였다. 내 이름이 불리기를 기다리는 동안, 손끝이
떨렸다. 심장이 터질 것 같았다. 그리고 결과가 발표되었다.

“낙찰가, 1억 4,950만 원.”

나는... 2등이었다. 단 145만 원 차이. 그 짧은 숫자 하나에 온몸
의 힘이 빠졌다.

‘아… 조금만 더 썼으면 됐을 텐데.’ 한숨이 계속 나왔다. 그래도 응원하러 오신분들이 있어서 애써 웃었다. 속은 그게 아니었지만. 내가 봐도 얼굴에 실망한 모습이 다 보이는 것 같았다. 아쉬워하고 있는 모습을 보고 돈잘샘과 매직님, 요정님이 다가왔다. 그리고는 매직님이 따뜻하게 위로해줬다.

"괜찮아요, 태산님. 저도 처음엔 다 떨어졌어요. 하지만 그 경험이 다음 낙찰의 밑거름이 되더라고요."

돈잘샘은 내 어깨를 톡톡 두드리며 말했다.

"이제 시작이에요. 다음은 진짜 태산님의 차례예요."

점심으로 순대국밥을 함께 먹었다. 뜨끈한 국물 한입에 긴장이 스르르 녹아내렸다. 그 따뜻함이 마음속까지 스며들었다.

‘그래, 이번엔 떨어졌지만… 다음엔 꼭 낙찰받는다.’
그날 밤, 집에 돌아와 조용히 눈을 감았다. 떨림과 아쉬움, 그리고 새로운 결심이 동시에 밀려왔다. 나는 속으로 중얼거렸다.
‘다음엔, 내가 꼭 낙찰받는다.’

입찰에서 떨어진 지 며칠이 지났다. 그러던 중, 물건을 검색하

자금 계획 수립

✓ 대출 가능 금액 사전 확인 필수
경락자금대출 기준에 따라 보유자금의 약 3배가 가장 안전합니다.
낙찰 후 대출이 안 나오면 치명적인 상황이 발생할 수 있으므로,
입찰 전 반드시 상담 진행이 필요합니다.

✓ 감정평가금액과 유찰 횟수 고려
낙찰가율(낙찰가 ÷ 감정가)에 따라 대출 가능 금액이 달라집니다.

낙찰가율	대출 가능성	비고
낮은 낙찰가율	대출이 많이 나옴	안전한 구간
높은 낙찰가율	대출이 적게 나옴	자기자본 필요 증가

물건 선정 전략

✓ 시장 분위기와 경쟁률 분석
사람들이 몰리는 '인기 물건'보다는 경쟁이 덜한 숨은 보물을 찾아라.
낙찰 사례를 통해 유사한 물건의 낙찰가 및 거래 내역을 반드시 확인.

✓ 입찰가 산정의 핵심 원칙
시세 대비 적정 낙찰가 차이를 명확히 파악해야 합니다.
투자 목적이라면 수익률을 최우선으로 고려하세요.
유찰 횟수보다 중요한 것은 실제 시세 대비 얼마만큼 저렴하게
낙찰받을 수 있는가입니다.

✓ 투자 대상 선정 시 유의점

단기적으로 '뜨거운 지역'이나 '인기 물건'은 피하세요.

감정가가 낮고 유찰이 적은 물건은 경쟁률이 낮지만,

대출이 적게 나올 수 있음을 염두에 두세요.

부동산 경매 마인드셋

✓ 낙찰 실패에 낙담하지 말 것

한두 번의 실패는 당연한 과정입니다.

경매는 '경험의 누적'이 실력으로 변하는 게임입니다.

여유를 가지고 꾸준히 임할수록 시세 감각과 판단력이

자연스럽게 향상됩니다.

✓ 하나의 물건에 집착하지 말기

100% 승률의 투자자는 없습니다.

경매는 단기전이 아닌 장기전입니다.

기회는 항상 다시 옵니다.

✓ 80:20 법칙을 기억하라

경매에 관심 있는 100명 중 20%만 공부를 시작하고,

그중 실제로 지속적으로 투자에 성공하는 사람은 단 1%에 불과합니다.

포기하지 않고 최소 10번 이상 입찰을 경험해보는 것이

진짜 실력을 만드는 지름길입니다.

PART 4

결실,
내 집을
만들다

   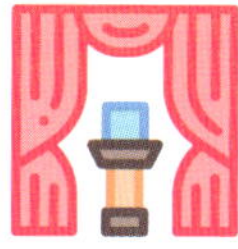 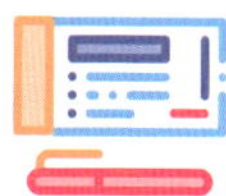 

다시 새로운 시작

다가 마음에 쏙 드는 매물을 발견했다. 처음에는 돈잘샘이 "이 물건 한번 보세요"라고 추천해주셔서 알게 된 것이었지만, 실제로 물건을 본 순간, 나는 마음속으로 이렇게 외쳤다. '이건 내 물건이다!'

이 빌라는 대략 10년 정도 된 건물로, 주변 인프라는 정말 훌륭했다. 중랑천이 인접해 있고, 재래시장이 바로 옆에 있으며, 의정부역까지는 도보로 7분 정도밖에 걸리지 않았다. 권리분석에도 큰 문제는 없었다. 집주인이 직접 살다가 경매로 나온 덕분인지, 물건 상태는 깨끗하고 특별한 이슈도 없었다.

실제로 물건을 보러 임장을 갔을 때, 의정부역에서 내려 시상을 구경하며 걷다 보니 물건지에 금세 도착했다. '생각보다 가깝네!' 아쉬운 점을 굳이 꼽자면, 멀지 않은 곳에 옛날 스타일의 문닫은 여관들이 조금 있었다. 그래도 그거만 아니면 전체적으로 만족스러웠다. 이런 물건을 만날 수 있다는 사실만으로도 가슴이 벅찼다. 물건을 꼼꼼히 살펴보니, 마음속에서 단 하나의 결심이 생겼다.

'꼭 낙찰받아야겠다.' 빨리 낙찰받고 싶은 마음이 들었다.

드디어 입찰일. 아침, 나는 돈잘샘에게 마지막 점검을 받았다.

"시세는 1억 7천5백 정도면, 1억 4천7백 정도로 입찰하면 좋겠네요."

하지만 나는 조금 더 욕심을 내어 1억 5천1백8만8천 원으로 입찰하기로 결심했다. 꼭 받고 싶었기에. 의정부 법원은 서울북부법원보다 규모가 작았고, 입찰 마감 시간도 조금 늦었다. 마감은 오전 11시 50분. 입찰을 마친 뒤, 약 1시간 정도 떨리는 마음으로 기다렸다.

결과 발표 시간이 다가오자, 심장은 터질 듯 쿵쾅거렸다. 입찰자들이 차례로 불려갔고, 드디어 내 차례가 되었다. 재판관이 조용히 발표했다.

"이 물건의 최고가매수인은 1억 5천1백8만8천 원에 입찰하신…"

'나다!'

낙찰 순간, 예상보다 훨씬 큰 기쁨이 몰려왔다. 내가 1등이라니! 경쟁자가 많았지만, 나는 조금 더 높은 금액으로 승리했다. 다른 입찰자들의 금액은 정확히 알 수 없었지만, 내 추측으로는 나보다 약 300만 원 정도 낮았을 것이다. 돈잘샘이 늘 말씀하시던 것처럼, '경매는 1등이 중요하지, 2등과의 금액은 중요하지 않다.'라는 말이 떠올랐다. 그래도 어쩔 수 없이 그 차이가 신경 쓰이긴 했지만, 결국 1등이 되었으니 뭐 상관없었다.

법원에서 영수증을 받으며 나오는데, 대출 상담사 아주머니들이 다가와 말했다.

"저희한테 대출을 받으시면 잘 해드리겠습니다."

나는 그 순간, 내가 1등이라는 사실만으로 너무 행복했다. 명함을 몇 개 받고, 집으로 돌아가는 길, 돈잘샘에게 전화를 걸었다. 축하해주시는 그의 진심 어린 목소리에 마음이 따뜻해졌다.

"오늘은 편하게 쉬세요."

그날 밤, 나는 집에서 조촐한 자축 파티를 열었다. 맛있는 치킨과 함께, 오늘의 낙찰을 기념했다. 이번 낙찰은 나에게는 새로운 시작을 알리는 첫걸음이자, 앞으로 펼쳐질 가능성의 상징이었다.

경매의 궁극적인 목표

- ✓ 낙찰을 통한 수익 실현
- ✓ 경매는 단순히 '물건을 사는 것'이 아니라,
- ✓ 투자를 통한 수익이 목표임을 명심해야 합니다.

낙찰 후 진행 절차

① 최고가 매수신고인 선정

입찰에서 가장 높은 금액을 적어낸 사람을 법원이 선정합니다.

② 매각허가결정

낙찰 후 1주일 이내에 법원에서 결정

만약 '매각불허가'를 신청하려면 이때까지 해야 합니다.

③ 매각허가결정 확정

매각허가결정 후 1주일 후 확정

④ 잔금 납부

잔금납부기한 내에, 낙찰가에서 이미 납부한 보증금을 제외한 금액을 납부

잔금 납부 완료 시, 소유권이 공식적으로 내 것이 됩니다.

⑤ 점유자 인도 문제 해결

법적 소유권을 취득했더라도, 점유자가 남아 있다면 원만하게 이사시키는 과정이 필요

실제 부동산 활용을 위해 반드시 해결해야 합니다.

특수한 경우: 농지 경매

농지 구입 시 필수 제출 서류

'농지취득자격증명원'을 매각허가결정일 이전에 법원 경매계에 제출

미제출 시, 낙찰이 무효 처리될 수 있음

매각불허가결정

법원이 매각을 허가하지 않는 경우

법원의 정보 오류나 사건상 문제가 있는 경우 발생

낙찰자는 해당 물건을 취득할 수 없으며, 보증금은 반환

아직 끝난 것이 아니잖아

다음 날, 기쁜 마음을 안고 나는 돈잘샘과 우리 모임 멤버 몇 명과 함께 식사를 했다. 오늘은 특별히 몸에 좋은 삼계탕으로 나의 첫 경매 낙찰을 축하하는 자리였다. 돈잘샘, 요정님, 매직님, 왕자님에게 감사의 마음을 전하며, 그동안의 성원과 격려에 고마움을 느꼈다. 식사 중, 돈잘샘은 앞으로 진행될 절차에 대해 조언해 주셨다.

"이제 2주 정도 기다리면 잔금 납부일자가 잡히니, 그때 쯤 대출을 알아보면 돼. 그때까지는 편하게 쉬면서 모임에 참석해요."

그 말을 듣고, 급하게 안해도 된다는 생각에 안도했다. 하지만 마음 한편에는 앞으로 해야 할 일이 떠올랐다. 대출 준비, 점유자 명도, 인테리어, 부동산 매물 등록… 해야 할 일이 생각보다 많았다. 그래도 멘토인 돈잘샘이 하나하나 차근차근 알려주셔서 마음이

놓였다.

　2주가 지나고, 드디어 잔금 납부일자가 다가왔다. 법원에서 받은 대출 관련 명함들을 하나씩 확인하며 전화를 걸어, 마음에 드는 몇 분과 상담을 진행했다. 금액, 이자율, 중도상환비율을 꼼꼼히 비교했고, 그 중 새마을금고의 조건이 가장 마음에 들었다.

[대출 이자율: 4.7% 대출 가능 금액: 약 80%]

　대출금이 나오면서 세금과 기타 비용을 포함해 내 자금 부담은 약 5,000만 원 정도로 예상됐다. 생각보다 적은 금액으로 경매를 진행할 수 있다는 사실에 마음이 한결 가벼워졌다. '그래도 이 정도면 할 수 있겠다!' 자신감이 차올랐다.

결국, 대출은 순조롭게 확정됐다. 꼼꼼하고 친절한 대출실장님과 함께 서류를 작성하며 약속 날짜를 잡았고, 은행에서 모든 절차를 마무리했다. 하나하나 일이 순조롭게 진행되는 모습을 보며, 나는 새로운 가능성이 눈앞에 펼쳐지는 것을 느꼈다.

매번 월세로 이사다니면서 살았는데, 곧 내집이 생긴다는 것이 너무 행복했다. 몇 달 전만해도 상상조차도 하지 못했는데, 현실이 되다니 너무 신기하고 감사했다.

경매 대출 준비 및 잔금 납부 절차

대출을 활용한 투자 전략

- **레버리지 효과 활용**

  대출을 활용하면 같은 투자금으로 더 많은 부동산을 보유 가능

  예시: 1억 원짜리 집 (대출 없음) → 1채 보유

  1억 원짜리 집 (대출 70%) → 같은 투자금으로 3채 보유 가능

- **임대수익률 계산법**

  임대수익률 = 연간 순 임대수익 ÷ 실투자금

  대출을 적극적으로 활용하면 적은 투자금으로 높은 수익률 실현 가능

- **주택담보대출의 특징**

  은행은 주택담보대출 선호 :

  채무자가 3개월만 연체해도 경매로 회수 가능 → 은행 손실 최소화

  상대적으로 낮은 금리 가능

잔금 납부 및 등기 절차

- **잔금 납부 방법**

  대출을 활용할 경우, 잔금납부 기일 전에 대출 조건 상세 확인

  대출 중개인 활용 시 보다 유리한 조건 확보 가능

- **등기 절차**

  잔금 납부 후 등기 완료 시 법적 소유권 인정

  등기 방법: 법무사 대행 (대출 시 필수)

셀프 등기 가능 (대출 없이 진행 시)

- **법무사 비용 검토**
  대부분 합리적이나, 일부 과다 청구 가능
  잔금 납부 전 법무비용 내역 요청 → 과다 청구 시 적극 협상

- **등기 완료 후 절차**
  등기권리증 발급 → 등기 완료 후 낙찰자에게 등기우편 송부

- **재경매 관련 사항**
  재경매일 3일 전까지 기존 낙찰자가 잔금을 납부하면 다시 소유권
  획득 가능
  단, 잔금 외 지연이자(연 20%) 추가 납부 필요

세금 및 추가 비용

- **취득 관련 세금**
  취득세, 교육세, 농어촌특별세(농특세)

- **준조세 항목**
  국민주택채권 매입 비용 발생

■ 생각 넓히기

  ✓ 대출 가능 여부와 조건을 철저히 검토 후 입찰
  ✓ 레버리지를 활용해 수익률 극대화 전략 필요
  ✓ 잔금 납부 후 등기 완료 필수 → 법적 소유권 확보
  ✓ 법무비용 꼼꼼히 확인, 과다 청구 시 협상
  ✓ 취득세 및 추가 비용 사전 고려 → 자금 계획 필수

예시) 법무비용 내역서

	등 기 명	촉탁이전	근저당권설정	말소	4
공과금 및 실비	등록면허세			24,000	
	취 득 세	845,999			
	교 육 세	84,600		4,800	
	농 특 세				
	소 계	930,599		28,800	
	진 행 료	100,000			
	증지대/경유	15,000		12,000	
	채 권 할 인	48,601			
	제 증 명	50,000			
	교 통 여 비	50,000			
	제 출	50,000			
	원인서류작성		-		
	소 계	313,601	-	12,000	
	합 계	1,244,200		40,800	
보수금	수 임 료	100,000		40,000	
	누 진 료	40,000			
	신고/등록/완납				
	인 도 명 령				
	부가가치세	14,000		4,000	
	소 계	154,000		44,000	
	합 계			1,483,000	

*** 참 고 사 항 ***

6개월변동10년거치 2.53

준비서류:인감2통,등본2통,원초본2통,보증금영수증,인감도장,신분증,소득서류입니다

	이 전 채 권	설 정 채 권
개별공시지가		64,000,000
채권최고액		78,480,000
구 분	이 전 채 권	설 정 채 권
채 권 매 입	1,216,000	780,000

◆ 대금내역 및 은행 비용 ◆

낙 찰 대 금				84,599,900
입 찰 보 증 금				6,440,000
대 출 신 청 금				65,400,000

은행비용	청약/MCI	적 금	설정채권할인	인지대 50%
			30,000	35,000
① 은행비용 계				65,000
② 준비하실잔금				12,759,900
③ 등 기 비 용				1,483,000

떨림, 드디어 명도 진행

대출을 준비하는 동안, 나는 낙찰받은 집을 직접 확인해보기로
했다. 돈잘샘이 명도를 할 때, 많은 분들이 잔금을 납부하고 하시는
데, 그것보다는 잔금을 납부 하기 전에 먼저 명도협상을 하는 것이
좋다고 하셔서, 나도 잔금 납부 전에 명도를 진행하려고 낙찰받은
집에 왔다. 심장이 쿵쾅거렸다. 떨리고, 무서웠다. 초인종을 누를까
말까 몇 분 동안 고민하다 결국 나는 초인종을 눌렀다.

하지만 아무런 반응이 없었다. 다행이라고 생각했지만, 그 다음에는 어떻게 해야 할지 눈앞이 캄캄했다. 다행히, 나에게는 돈잘샘이라는 멘토가 있어 물어볼 수 있었다.

"돈잘샘, 낙찰받은 집에 와서 초인종을 눌렀는데, 아무도 없어요. 어떻게 해야 할까요?"

"그럼 문에 '낙찰자'라고 전화번호를 써서 놓고 오세요. 글씨체는 궁서체로요. 곧 연락이 올 겁니다."

나는 문 앞에 작은 메모를 남기고 집으로 돌아왔다. 하루가 지났지만 연락이 없었다. 불안감이 엄습했지만, 돈잘샘의 조언대로 며칠만 더 기다려보았다. 초조함은 커져만 갔다.

그러던 중, 3일 후 모르는 번호로 전화가 왔다.

"안녕하십니까. 낙찰자라고 해서 전화드립니다. 길게 말할 것 없고, 이사비용 400만 원만 주시면 바로 나가겠습니다."

순간 머리가 복잡해졌다. 400만 원. 결코 작은 금액이 아니었다. 마음 한편에서는 '그냥 주고 빨리 끝내는 게 낫지 않을까?'하는 생각도 스쳤지만, 부동산 경매에서 중요한 건 협상력이라는 걸 알기에 그럴 수 없었다.

나는 차분한 목소리로 말했다.

"바로 나가주신다면 좋긴 한데, 금액이 너무 크네요. 저도 겨우 대출받아 진행하는 거라 큰 돈이 없습니다. 적당한 금액을 말씀해 주신다면 노력해보겠습니다."

그렇게 우리는 협상을 시작했다. 1주일간의 논의 끝에 합의에 도달했다.

- 관리비는 전 집주인 부담
- 이사비용은 280만 원으로 조정
- 1달 이내 이사 완료

이제 모든 준비가 끝났다. 마침내 잔금도 납부했고, 약속한 이사 날짜가 다가왔다. 이 맛이 명도의 짜릿함인가? 이사 약속일, 나는 다시 그 집 앞에 섰다. 문이 열리고, 전 집주인이 마지막 짐을 챙기며 나를 바라보았다.

"약속대로 이사 마쳤습니다."

나는 준비해 둔 280만 원을 건넸다. 그는 가벼운 미소를 지으며 인사를 하고 이사를 가셨다.

드디어 내집이 생겼다

드디어 내 집에 들어왔다. 여기는 진짜 내 집이다. 심장이 두근
거렸다. 기쁨과 설렘이 한꺼번에 밀려왔다. 나는 떨리는 손으로 현
관문을 열었다. 그리고, 순간 멈칫했다.

'와… 생각보다 깨끗한데?' 낡고 정리가 안 된 공간을 예상했던
나는 놀라움을 감출 수 없었다. 벽지는 손댈 필요가 없을 만큼 깔끔
했고, 바닥은 반짝였다. 전 주인이 나가기 전에 정리를 잘해둔 덕분
인지, 인테리어 비용이 거의 들지 않을 것 같았다. 나는 집 한가운

데 서서 천천히 숨을 들이마셨다. 내 숨소리가 공간에 퍼졌다.

'이제 진짜… 내 집이라니.' 그제야 실감이 났다.

명도비가 조금 들긴 했지만, 인테리어 비용이 많이 안 들거를 생각하면 오히려 감사했다. 모든 일이 생각보다 순조롭게 처리되어서 행복했다.

첫 투자, 이정도면 완전 성공적인 출발이었다. 이런 식으로 경매를 하게된다면 앞으로도 계속 경매를 이어갈 수 있을 것 같았다.

'경매로 이집을 받고 처리하는데 생각보다 어렵지 않게 진행된 것을 보면 하나님이 나에게 이쪽으로 재능을 준건가? 좋은 사람이 옆에 있어서 된 것도 있지만, 여튼 가능하면 평생 경매를 하면서 살아야 겠다.' 라고 다짐을 했다.

'그래, 나는 평생 경매를 하며 살 것이다.'

그리고 그 시작이 바로, 이 집이었다.

개념과 중요성

명도(明渡)란 낙찰자가 점유자로부터 부동산의 점유를 넘겨받는 과정.
명도의 목표는 '최대한 빠르게, 최소 비용으로' 입니다.

✓ 점유자와의 마찰이 길어질수록 시간·비용 손실이 커집니다.
✓ 필요한 경우 적정 수준의 이사비용 지급을 고려하는 것이 효과적입니다.

방법 및 절차

① 협의를 통한 자진 명도 (최우선 방법)

✓ 빠른 접촉이 핵심: 점유자를 조기에 만나 원만한 해결을 유도합니다.
✓ 요구사항 파악: 대부분 "이사 일정"과 "이사비용" 문제입니다.
✓ 낙찰자가 먼저 이사비용을 언급하지 않습니다.

- **협상 전략**

✓ 낙찰자가 주도권을 가지고 → "이것이 원칙입니다.",
"일반적으로 이렇게 진행됩니다." 라는 톤으로 대응
✓ 배당기일 전후에는 강제집행이 가능하므로, 그 전에 이사를 유도.
✓ 명도 기간은 최대 6개월 이내로. 이후엔 소송으로 전환.

② 인도명령제도를 통한 강제집행

✓ 점유자에게 대항력이 없는 경우, 판사 결정만으로 강제집행이 가능.
✓ 신청 시점: 잔금 납부일에 보통 법무사를 통해 신청
✓ 집행 가능 시점: 인도명령 결정 후 약 14~30일 이내

③ 강제집행 (최후의 수단)
  ✓ 협의가 결렬된 경우 법적 절차를 통한 강제집행 가능
  ✓ 비용 산출 예시
    강제집행비: 전용면적 × 7~8만 원
    인건비: 인원당 약 12만 원 (15평 기준 10명 이상 투입)
    창고보관비: 30~40만 원/월
  ✓ 불법 점유자로 인한 집행비용은 소유자가 청구 가능,
    단, 점유자가 도망갈 가능성도 있음.

명도 시 유의사항 및 협상 전략

① 협의의 3원칙
  ✓ 빠른 만남
    "잔금 납부 후 오세요" 대신
    → "지금 바로 비워달라는 게 아니라, 대화하고 싶습니다."라고 설득
  ✓ 점유자 입장 경청
    요구사항을 충분히 듣되, 협상 주도권은 유지
    점유자가 먼저 말하지 않으면, 이사비용은 낙찰자가 제시하지 않기
  ✓ 여유와 원칙 유지
    "이것이 원칙입니다.", "일반적인 절차입니다."
    → 감정이 아닌 원칙 중심 대화가 효과적

② 이사비용 지급 기준
  배당 받는 임차인 → 원칙적으로 이사비용 없이 명도 가능
  배당을 못 받는 임차인/소유자 → 이사비용 지급이 일반적
  (강제집행비용과 비교해 경제적으로 협의하는 것이 유리)

③ 법적 절차의 적극 활용

협의가 어렵다면 인도명령제도를 통해 신속한 집행 가능

임차인이 대항력이 없을 경우

→ 인도명령 결정 후 14~30일 이내 강제집행 가능

명도의 핵심 원칙

① 점유자는 결국 나간다

절차가 길어져도 법적으로 퇴거는 반드시 이루어짐.

② 협상이 최우선, 강제집행은 최후의 수단

불필요한 비용과 갈등을 최소화.

③ 낙찰자는 법적으로 유리한 위치에 있다

절차를 이해하고 활용하면 명도를 효율적으로 진행 가능.

④ 협상 시 주도권 유지

감정적 대립을 피하고, 여유와 원칙으로 접근.

⑤ 사전 준비 필수

점유자의 예상 배당금, 경매 진행 상황 등을 미리 파악해야 함.

■ 생각 넓히기

✓ 최선의 명도 방법: 점유자와의 원만한 협의

✓ 법적 수단: 인도명령 및 강제집행 적극 활용

✓ 재정 대비: 강제집행 비용 · 이사비용을 고려한 협상

✓ 마음가짐: 명도는 결국 해결된다 — 불필요한 걱정은 금물

명도의 핵심은
'법적 원칙을 이해하고
협상력을 극대화하는 것'입니다.

PART 5

완성,
그리고
재도약

    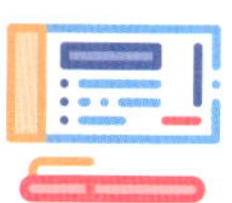 

건물 관리담당자와의 만남

명도까지 마치고, 드디어 온전한 내 집이 생겼다. 그 생각만으로도 입가에 미소가 번졌다.

'이제 진짜 내 집이구나.' 그렇게 감격에 젖어 있던 그때 띵동. 초인종 소리가 울렸다.

"누구세요?"

"안녕하세요. 혹시 이 집 새 주인이시죠?"

문을 열자 낯선 남자가 예의 바르게 인사를 건넸다.

"다름이 아니라, 전에 사시던 분이 새 주인이 오셨다고 해서요. 인사도 드릴 겸, 몇 가지 안내드릴 게 있어서요."

"아, 네. 무슨 일이신가요?"

"네, 저희 빌라는 관리비가 있습니다. 엘리베이터가 있는 건물이라 조금 비싼 편인데요, 한 달에 약 6만 원 정도예요. 제가 관리 담당자니까 그 계좌로 입금해주시면 됩니다. 참고로, 전 세입자분이 밀린 건은 없으니 걱정 안 하셔도 됩니다."

"아, 네. 알겠습니다."

그렇게 간단히 인사를 나누고, 관리담당자는 돌아갔다. 문이 닫히자 다시 고요한 내 집 안. 나는 한참을 멍하니 거실을 바라봤다.

'이제 진짜 다 됐나? 남은 건 인테리어하고… 부동산에 월세로 내놓는 일뿐이겠지?' 이제 시작이다. 경매로 얻은 첫 집, 그리고 앞으로 펼쳐질 나의 새로운 여정.

관리비 및 공과금 관련 사항

① 관리비

- ✓ 단독건물 → 관리비 없음
- ✓ 집합건물(아파트, 오피스텔, 상가 등) → 관리비 발생

※ 경매로 낙찰된 부동산의 점유자들은 대부분 장기간 관리비를 체납한 경우가 많습니다. 점유자가 이사를 나간 후에도 관리비 정산이 완료되지 않으면 관리사무소에서 이사·입주를 막는 경우가 있는데, 이는 불법 행위입니다.

- **체납 관리비 승계 여부**
  - ✓ 원칙: 전(前) 소유자가 체납한 관리비 중 공용부분 관리비만 낙찰자가 부담하면 됩니다.
  - ✓ 연체료는 납부 의무 없음.
  - ✓ 확인 방법: 해당 관리사무소에 문의, 공용부분 관리비 체납내역 확인
  - ✓ "공용부분"이란 엘리베이터, 복도, 조명, 청소 등 공동으로 사용하는 공간의 관리비를 의미합니다.

② 전기·수도·가스 등의 공과금

- ✓ 경매로 낙찰받은 집에 전기, 수도, 가스 요금이 밀려 있다면, '요금 소멸제도'를 활용하세요.

✓ 처리 방법: 각 담당 기관(한국전력, 수도사업소, 도시가스사)에 전화
후 "경매로 낙찰받은 신규 소유자임"을 알리고 안내에 따라 조치하
면 됩니다. 대부분의 경우, 이전 소유자의 미납 요금은 자동 소멸 처
리됩니다.

■ 생각 넓히기
✓ 공용부분 관리비만 승계
✓ 연체료 및 개인 사용분은 승계 의무 없음
✓ 공과금은 요금 소멸제도 활용으로 해결 가능

명도를 잘 해결해서 감사

움츠러 들지 말자!
누구도 나의 경매의 길을 방해할 수 없다.

전 주인이 이사가고 집 인테리어를 살짝 했다. 특별하게 한 것은 없고, 도배랑 조금씩 고장난 것들을 손 본게 다였다. 그렇게 해놓으니깐 너무 이쁜 집이 되었다. 그렇게 정리를 해놓고, 집 주변의 부동산 5곳 정도에 월세로 내놓았다. 당장 팔 생각이 없었기에 월세로 내 놓았고, 그 집 시세가 2000/80 정도 한다고 해서 그렇게 내놓았다. 몇일 되지도 않았는데, 집 보러 온다는 분들이 있었다. 그렇게 좋은 마음으로 스터디에 놀러갔고, 돈잘샘을 만나서 커피 한잔을 마셨다.

"태산님, 그래도 참 태산님은 복이 많은 것 같아요. 다들 명도 부분에서 고생하는 분들이 많거든요. 이사비용 많이 달라고 떼 쓰는 사람도 많고, 망가뜨리고 가는 사람도 많고, 연락이 안되는 경우도 있고, 다양하게 골머리를 앓는 분이 많은데, 아주 쉽게 잘 해결되어서 참 좋네요. 태산님은 이쪽으로 일을 해야되는 거 아닙니까?”

“그런가요? 감사하게도 다들 좋은 분들이 도와주시고 해서 이렇게 된 거죠. 저도 이 일을 꾸준히 공부해서 나중에 집도 몇 채있고, 세도 받으면서 살면서 넉넉하게 살고 싶네요.”

“태산님은 잘하실겁니다. 상대방의 입장에서도 생각 해주시고, 어떤 일이든 잘 해결하시는 능력이 좋으십니다. 이 쪽으로 일을 하신다고 하면 잘 하실 거 같으니, 꾸준히 공부하시고 원하는 미래 만들어보세요. 언제든 궁굼하거나 도움 필요하면 도와드릴테니 파이팅해보시죠~ ^^”

돈잘샘과 커피를 마시고 집으로 지하철을 타고 가는데, 모르는 번호로 전화가 왔다. 스팸은 아닌거 같아서 받았더니, 월세 계약하겠다고 하는 사람이 와서 기쁜 마음으로 집으로 돌아갔다. 하루하루가 행복하다.

하나, 내용증명 작성 및 발송

내용증명서

부동산 인도(명도)에 대한 최고서

수신인: XXX
주소: XX시 XXX길 XXX
발신인: XXX
주소: XXX시 XXX길 XX
작성일자: 2024.11.13.

안녕하십니까? 다른 경매 사건을 진행하느냐고 연락이 늦었습니다.
마지막으로 경고를 하기 위해 내용증명을 보냅니다.

귀하께서 거주하고 있는 부동산은 본인이 법원의 경매절차를 통해 정당하게 낙찰을 받고 소유권을 취득한 물건입니다.

이에 따라 귀하는 더 이상 해당 부동산에 거주 또는 점유할 법적 권리가 없는 상태임에도 불구하고, 현재까지 자진 퇴거를 하지 않고 무단 점유를 계속하고 있는 바, 이는 명백한 불법 점유에 해당함을 알려드립니다.

본인은 귀하에게 마지막 기회를 드리고자 본 내용증명을 발송하며, 다음과 같은 통지를 요청합니다. 본 내용증명을 받은 날로부터 **2주 이내**에 해당 부동산을 **자진 퇴거 및 명도**해 주시기 바랍니다. 퇴거 시, 귀하의 모든 동산 및 물품을 함께 반출하고, 원상태로 반환해 주시기 바랍니다.

만약, 기한 내에 자진 퇴거가 이루어지지 않을 경우, 본인은 민사집행법에 따라 법원에 **점유 이전 강제집행을 신청**할 것이며, 이로 인해 발생하는 **집행비용 및 손해배상 등 모든 법적 책임은 귀하에게 전가됨**을 명확히 경고합니다.

귀하가 조용히 자진 퇴거한다면, 불필요한 법적 분쟁과 비용, 명예 훼손 등을 피할 수 있음을 알려드리며, 자진 퇴거가 귀하에게 가장 현명한 선택임을 다시 한 번 강조드립니다.

✓ 내용증명의 법적 효력 – 내용증명 자체는 법적 강제력이 없음.
단순히 점유자에게 현재 상황을 인지시키고
설득하기 위한 서류에 불과함.
강제집행이나 법적 조치를 직접적으로
진행할 수 있는 효력은 없음.

✓ 활용 목적 – 점유자에게 공식적인 경고 및 명도 요청
향후 법적 분쟁 시 명도 요청을 했다는 증거 확보
구두로 전달하는 것보다 신뢰성과 효과성이 높음.

※ 내용증명은 협상을 유도하는 수단일 뿐 강제력을 갖지 않지만,
법적 절차를 준비하는 과정에서 중요한 역할을 할 수 있음.

둘, 부동산 명도를 위한 법적 절차 및 유의사항

① 점유이전금지 가처분 신청 목적

✓ 점유자 변경 방지. 인도명령 결정 후 강제집행을 진행할 때
점유자가 바뀌는 경우를 방지.
점유자가 변경되면 새로운 점유자를 상대로 다시 인도명령을
받아야 하므로 추가 비용과 시간이 소요됨.
가처분 신청이 받아들여지면 이후 점유자가 변경되더라도
법적으로 인정되지 않음.
✓ 점유자에게 경고 및 협상 유도
점유자는 낙찰자를 계속 의식하게 되고, 많은 경우 이 단계에서
낙찰자에게 먼저 연락을 해옴.

② 인도명령 및 강제집행 절차

✓ 인도명령 신청 – 강제집행이 필요한 경우 인도명령 신청 필수.

✓ 인도명령신청 후 배당기일 이후에 인도명령 결정문이 송달됨.
(단, 점유자가 소유자이거나 배당을 받지 못하는 임차인은 배당기일 이전에 송달 가능)
✓ 점유자가 송달을 받지 않으면 2회 재방문 후 공시송달 처리,
이후 14일이 지나면 송달 효력 발생.

③ 강제집행 절차
✓ 강제집행 신청
법원 집행과에 신청서를 접수하고 은행에 강제집행 비용 납부,
이후 집행관이 해당 부동산에 계고장 부착.
✓ 계고장 부착
계고장에는 강제집행 일정과 협의 권고 내용이 포함됨.
이 단계에서도 점유자와 협상할 수 있는 기회 제공.
✓ 본 집행 실시 (최후 수단)
강제집행을 통해 명도를 완료.

- **강제집행의 핵심 원칙**
점유자는 낙찰자의 적이 아닙니다. 입장이 다른 사람일 뿐,
미워하지 말고, 협상을 하시기 바랍니다.
물론 주도권을 유지하며 진행해야합니다.
점유자와의 다툼을 만들기보다는, 협상을 하게 만드는 것이 핵심

셋, 명도 시 뉴의해야 할 4가지 사항
① **여유를 잃지 말 것**
조급하게 진행하면 협상이 어렵고 불필요한 충돌이 발생.

② 처음부터 원활한 대화를 기대하지 말 것
낙찰자는 점유자의 '적'이 아니라 '지인'이 될 수도 있음을 강조.

③ 대화는 이해시키는 방식으로 접근할 것
고압적이거나 위협적인 태도 대신, 편안한 분위기 조성.
법률 용어나 판례는 대화보다는 내용증명 등 서류를 통해
활용하는 것이 효과적.

④ 절차 별 타이밍을 철저히 지킬 것

단계	시기	목적 및 효과
내용증명	잔금 납부 후 1주일 이내	점유자에게 공식적인 인지 및 경고
점유이전금지 가처분	내용증명 발송 후 협상이 지연될 경우, 잔금 납부 후 1개월 이내	점유 변경 방지 및 점유자 협상 유도
인도명령 신청	잔금 납부 후 즉시 가능	명도 협상 도구 및 강제집행 사전 절차
강제집행	계고장 부착 후, 협상 실패 시	최후 수단, 본격적인 명도 진행

■ 명도의 핵심 목표
✓ 가능한 대화와 협상을 통해 점유자를 내보내는 것
✓ 강제집행은 최후 수단으로 고려해야 함
✓ 타이밍과 법적 절차를 적절히 활용하면 보다 원활한 명도 가능

꿈처럼 이루어진 첫 번째 경매 성공

드디어, 모든 과정이 마무리가 되고나니, 너무 감격스러웠다. 명도는 잘 마무리되고, 돈잘샘이 추천해준 도배와 청소 하시는 분에게 맡기면서 빠르게 새집으로 변했고, 월세 계약도 2주일만에 되고 일사천리였다. 신혼부부가 들어오기로 했다.

이 모든 과정을 마친 후, 돈잘샘에게 전화를 걸었다.

"돈잘샘, 정말 감사합니다. 덕분에 제가 경매로 낙찰을 받고, 이젠 저의 집도 생겼습니다. 혼자였다면 이렇게 순조롭게 진행되지 않았을 거예요. 고맙습니다. 이 모든 게 다 돈잘샘 덕분입니다. 제가 약속한 대로 식사는 꼭 사드리겠습니다. 그리고 오늘은 작은 선물로 치킨 쿠폰을 보내드릴게요. 헤헤"

돈잘샘은 고마워하면서도 "괜찮다"고 했지만, 나는 너무 감사한 마음에 치킨 쿠폰을 보내드렸다. 얼마 지나지 않아 돈잘샘이 '잘 먹겠다'고 답장을 보내왔고, 나는 기분 좋게 웃었다.

나는 그날 밤 두손을 가슴에 모아
야, 네가 얼마나 멋있는지 너는 아니? ㅎ

부동산 관련 세금 정리

부동산 거래 단계별 세금

- ✓ 취득 시 → 취득세 보유 시 → 재산세, 종합부동산세(종부세)
- ✓ 매매 시 → 양도소득세

1세대 1주택 비과세 요건

- ✓ 기본 요건 : 2년 이상 보유 (조정지역에서는 2년이상 거주)

- 1세대 인정 기준 (단독세대주 기준)
  - ✓ 만 30세 이상인 경우
  - ✓ 배우자가 사망하거나 이혼한 경우
  - ✓ 만 30세 미만이라도 독립 생계 유지 시 1세대로 인정
    (기준중위소득 40% 이상)

- **Tip**
  비과세 요건 충족 전 매도 시, 고율의 양도세가 부과될 수
  있으므로 매도 시점 조정이 중요합니다.

양도소득세 계산 시 고려할 사항

- ✓ 핵심 요소 : 양도차이 (매도가 − 매입가)
  세율 (양도차익 구간별 적용)

- ✓ 절세 방법 : 비용 증빙 철저 (취득가, 리모델링 비용, 중개수수료 등)
  필요경비를 인정받아 과세 표준을 줄이는 것이 중요

부동산 사업자 유형

- ✓ 매매사업자 – 부동산을 사고팔며 수익 창출

  단기 매매 시 세율이 높아질 수 있음(법인 사업자 활용 고려)

  임대사업자 – 주택 또는 상가를 임대하여 임대수익 창출

  등록 여부에 따라 세금 감면 혜택 차이 발생

과세표준 (연간 소득)	세율
1,200만 원 이하	6%
1,200만 원 초과 ~ 4,600만 원 이하	15%
4,600만 원 초과 ~ 8,800만 원 이하	24%
8,800만 원 초과 ~ 1억 5,000만 원 이하	35%
1억 5,000만 원 초과 ~ 3억 원 이하	38%
3억 원 초과 ~ 5억 원 이하	40%
5억 원 초과	42%

다시 또 시작

'그래, 내가 원하던 삶이 바로 이런 삶이야.'

지난 5개월을 돌아보면, 참 많은 일들이 있었다.
회사에서의 어려움, 방황, 그리고 끝없는 고민들.
그 모든 시간이 나를 여기까지 데려다 준 여정이었다.
그러다 우연처럼 다가온 부동산 경매,
그리고 돈잘샘이라는 멘토와의 만남이 내 삶을 바꿔놓았다.

나는 진심으로 배우고 싶었고, 정말 열심히 공부했다.
경매를 통해 첫 집을 낙찰받고, 명도와 임대까지 마무리하기까
지—
그 모든 과정이 쉽지는 않았지만,
내 곁에는 늘 진심으로 도와준 사람들이 있었다.

그들의 응원과 믿음이 있었기에

나는 한 걸음씩, 두려움을 이겨내며 앞으로 나아갈 수 있었다.

나는 특별한 사람이 아니다.

그저 조금 더 간절했고, 조금 더 빨리 행동했을 뿐이다.

그 결과, 첫 낙찰을 받고 불과 3개월 만에 임대를 완성했다.

만약 혼자였다면 가능했을까?

아마 아니었을 것이다.

하지만 나를 믿고 이끌어준 멘토와 함께였기에

그 길을 끝까지 걸어올 수 있었다.

이 집은 단순한 '자산'이 아니다.

그건 내 노력의 흔적이자, 새로운 꿈의 시작점이다.

그 경험이 나를 단단하게 만들었고,

이제 나는 또 다른 목표를 향해 나아갈 용기를 얻었다.

그리고 언젠가,

나도 누군가의 '돈잘샘'이 되고 싶다.

지금은 부족하지만, 하나씩 쌓아가다 보면

나 또한 누군가의 시작을 돕는 사람이 되어 있겠지.

이 책을 읽는 여러분께 꼭 전하고 싶다.

나처럼 아무것도 몰랐던 사람도

진심을 다해 배우고, 포기하지 않고 행동한다면

반드시 멋진 결과를 만들어낼 수 있다.

고민만 하지 말고, 작은 한 걸음부터 시작해보세요.

그 길 끝에서, 여러분도 분명

내가 느꼈던 그 짜릿한 성취감을 만나게 될 겁니다.

삶의 변화 소중한 가치로 우리 모두, 각자의 정상에서

따뜻한 미소로 다시 만날 수 있기를.

함께 걷고 싶은 길

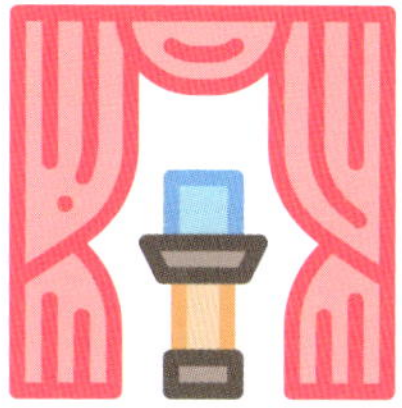

사랑하는 독자 여러분, 이 책의 마지막 페이지를 덮는 순간, 여러분의 마음속에 경매라는 새로운 씨앗이 심어졌기를 진심으로 바랍니다. 저는 이 책이 단순한 지식 전달을 넘어, 여러분의 삶에 긍정적인 변화를 가져다주는 작은 출발점이 되기를 소망하며 한 글자 한 글자 정성껏 써 내려갔습니다.

부동산 경매는 결코 일부 전문가들만의 특별한 영역이 아닙니다. 저 역시 평범한 직장인이었죠. 퇴근 후 경매 공부를 시작하며 낯선 용어와 실수 속에서도 삶의 새로운 가능성을 발견했고, 조금씩 성장하는 과정에서 큰 기쁨을 느꼈습니다. 제가 유튜브 〈돈잘경매〉 채널을 운영하고, 이 책을 쓴 가장 큰 이유는, 바로 그 기쁨을 혼자만 간직하고 싶지 않았기 때문입니다. 여러분도 저처럼 이런 행복감과 설렘을 꼭 느껴보셨으면 합니다.

경매를 가르치면서 저는 한 가지 확신을 갖게 되었습니다. 진정 가치 있는 교육은 문턱을 높이는 것이 아니라, 진심으로 손을 내밀어 함께 성장할 수 있도록 돕는 것이라는 믿음이라는 것을요. 솔직히 제 강의와 컨설팅 비용은 업계 평균에 비해 한참 낮은 수준입니다. 그래서 많은 분들이 놀라십니다. 주변에서는 "왜 그렇게 저렴하게 받느냐", 심지어 "수업 수준이 별로인거 아니냐"는 우려 섞인 질문도 듣곤 합니다. 하지만 결코 그렇지 않습니다. 지난 2025년 한 해 동안, 저희 모임에서 공부하신 분들이 18채를 낙찰받도록 도왔으며, 이는 제가 추구하는 교육 방식의 가치를 분명하게 증명한다고 믿습니다. 청교도 정신을 가진 교육자로서, 저는 누군가가 어려운 환경에서 벗어나고자 저에게 손을 내민다면 그 손을 잡아주고 싶을 뿐입니다. 물론 진심으로 서로를 대하는 사람에 한에서긴 합니다. 상대방의 절박한 상황에 과도한 대가를 요구하고 싶지는 않습니다. 과거 저 역시 같은 고민을 했던 사람으로서, 배우려는 의지는 있지만 비용 때문에 망설이는 분들의 마음을 너무나 잘 이해하기 때문입니다.

저의 교육방침에는 저의 신념이 녹아져 있습니다. 화려한 마케팅이나 '단기간 고수익' 같은 과장된 약속 대신, 현실적이고 정직한 내용으로 여러분 곁에 서고 싶습니다. 때로는 실수나 어려웠던 순간까지도요.

이 책을 집필한 이유 역시 이와 다르지 않습니다. 제가 처음 경매를 시작할 때,

'만약 이런 책이 있었다면 얼마나 좋았을까?' 하는 마음으로 집필을 했고, 경매를 처음 접하는 분들이 혼자 헤매지 않고 올바른 방향을 찾을 수 있는 참고서 같은 느낌으로 책을 지었습니다. 이론부터 실전까지, 낙찰부터 명도, 부동산 계약까지, 제가 경험하고 배운 모든 것을 이 한 권에 담았습니다.

여러분, 우리는 모두가 잘 될수 있는 충분한 잠재력과 가능성이 있습니다. 필요한 것은 행동하는 것이며, 올바른 방향을 제시해줄 수 있는 안내자같은 존재가 필요할 뿐입니다. 그 안내자 역할을 제가 할 수 있다면 더할 나위 없이 기쁠 것입니다.

지금 이 글을 읽는 여러분 중에, 혹시 이런 마음이 드는 분이 계신가요?

"나도 진심으로 부동산 경매를 배우고 싶다."
"과장되지 않은 현실적인 이야기를 듣고 싶다."
"함께 성장할 수 있는 동반자를 찾고 싶다."
만약 그러시다면, 저와 함께 걸어가면 좋겠습니다.

저는 유튜브 채널 〈돈잘경매〉를 통해 저의 경험과 생생한 경매 정보들을 꾸준히 나누고 있습니다. 이곳에서 더 많은 분들과 소통

하며 함께 성장하고 싶습니다.

더 깊이 있는 학습을 원하신다면, 경매이론완성반과 실전투자반을 오프라인 또는 온라인(Zoom, Google Meet)으로 운영하고 있으니, 함께 하시면 매우 효율적일 것입니다. 이 수업들은 6주간의 압축된 핵심 강의로 여러분의 실력 향상을 돕고 있으며, 합리적인 비용으로 밀도 높은 교육을 경험하실 수 있도록 노력하고 있습니다.

또한, 실전 낙찰까지 든든한 조력자가 필요하시다면 컨설팅을 제공하고 있습니다.

낙찰부터 명도, 인테리어, 부동산 계약까지, 혼자서는 어렵게 느껴질 수 있는 모든 과정을 제가 직접 도와드리겠습니다. 여러분의 성공적인 내집 마련과 투자를 위한 든든한 동반자가 되어 드릴게요.

화려하지 않아도 괜찮습니다. 천천히 가도 괜찮습니다. 중요한 건 올바른 방향으로, 진실된 마음으로 함께 나아가는 것입니다.

이 책을 읽고 끝내는 것이 아니라, 여러분의 새로운 시작점이 되었으면 좋겠습니다. 그리고 같은 길을 함께 걸어가면 더 좋겠습니다.

여러분의 용기 있는 첫걸음을 진심으로 응원하며, 언제든 함께

걸어갈 준비가 되어 있습니다. 이 책을 통해 맺어진 소중한 인연,
함께 성장하며 더욱 풍요로운 삶을 만들어 가요!

감사합니다.

부록

임장 체크리스트

구분	주요 항목	세부 점검 내용	확인
1. 건물 외관 상태	외벽/도장	균열, 페인트 벗겨짐 여부	☐
	창문/베란다	방충망, 배수 상태, 결로 여부	☐
	옥상/지붕	누수 흔적, 방수 상태	☐
	공용공간	복도 · 계단 · 주차장 청결도	☐
	관리비 체납	관리비, 수도, 전기 미납 여부	☐
2. 내부 상태 (가능 시)	벽/바닥/천장	곰팡이, 습기, 누수, 하자 여부	☐
	환기/채광	창문 방향, 조망, 일조량	☐
	소음/냄새	도로, 주변 공사 등 소음 정도	☐
	화장실/보일러	작동 여부 및 상태	☐
	인테리어 예상	도배 · 장판 · 보수비 예상금액	☐
3. 입지 및 주변 환경	교통 접근성	역/버스 거리, 도보 이동 편의성	☐
	생활 편의시설	마트, 학교, 병원, 은행 등	☐
	개발 호재	재개발 · 도로확장 등 인근 개발 여부	☐
	유동인구/상권	상가일 경우 유동인구, 공실률	☐
	생활 환경	치안, 악취, 조용함 여부	☐
4. 시세 및 수익성	실거래가 비교	인근 매매/전세/월세 시세 조사	☐
	수익률 계산	낙찰가 대비 임대수익률 검토	☐
	리모델링비	총 투자금(수리+세금 포함) 산출	☐
5. 명도 및 권리관계	점유자 확인	실제 거주자(전입세대 열람) 확인	☐
	배당 관계	인수되는 권리 여부 확인	☐
	명도 난이도	협조적 여부, 이사비 필요성	☐
6. 현장 기록 메모	사진/영상	외관, 내부, 주변 환경	☐
	현장 느낌	"깔끔함/소음 있음/조용함" 등 메모	☐
	방문 횟수	1회/2회/기타	☐

구분	주요 항목	세부 점검 내용	확인
1. 건물 외관 상태	외벽/도장	균열, 페인트 벗겨짐 여부	☐
	창문/베란다	방충망, 배수 상태, 결로 여부	☐
	옥상/지붕	누수 흔적, 방수 상태	☐
	공용공간	복도 · 계단 · 주차장 청결도	☐
	관리비 체납	관리비, 수도, 전기 미납 여부	☐
2. 내부 상태 (가능 시)	벽/바닥/천장	곰팡이, 습기, 누수, 하자 여부	☐
	환기/채광	창문 방향, 조망, 일조량	☐
	소음/냄새	도로, 주변 공사 등 소음 정도	☐
	화장실/보일러	작동 여부 및 상태	☐
	인테리어 예상	도배 · 장판 · 보수비 예상금액	☐
3. 입지 및 주변 환경	교통 접근성	역/버스 거리, 도보 이동 편의성	☐
	생활 편의시설	마트, 학교, 병원, 은행 등	☐
	개발 호재	재개발 · 도로확장 등 인근 개발 여부	☐
	유동인구/상권	상가일 경우 유동인구, 공실률	☐
	생활 환경	치안, 악취, 조용함 여부	☐
4. 시세 및 수익성	실거래가 비교	인근 매매/전세/월세 시세 조사	☐
	수익률 계산	낙찰가 대비 임대수익률 검토	☐
	리모델링비	총 투자금(수리+세금 포함) 산출	☐
5. 명도 및 권리관계	점유자 확인	실제 거주자(전입세대 열람) 확인	☐
	배당 관계	인수되는 권리 여부 확인	☐
	명도 난이도	협조적 여부, 이사비 필요성	☐
6. 현장 기록 메모	사진/영상	외관, 내부, 주변 환경	☐
	현장 느낌	"깔끔함/소음 있음/조용함" 등 메모	☐
	방문 횟수	1회/2회/기타	☐

구분	주요 항목	세부 점검 내용	확인
1. 건물 외관 상태	외벽/도장	균열, 페인트 벗겨짐 여부	☐
	창문/베란다	방충망, 배수 상태, 결로 여부	☐
	옥상/지붕	누수 흔적, 방수 상태	☐
	공용공간	복도 · 계단 · 주차장 청결도	☐
	관리비 체납	관리비, 수도, 전기 미납 여부	☐
2. 내부 상태 (가능 시)	벽/바닥/천장	곰팡이, 습기, 누수, 하자 여부	☐
	환기/채광	창문 방향, 조망, 일조량	☐
	소음/냄새	도로, 주변 공사 등 소음 정도	☐
	화장실/보일러	작동 여부 및 상태	☐
	인테리어 예상	도배 · 장판 · 보수비 예상금액	☐
3. 입지 및 주변 환경	교통 접근성	역/버스 거리, 도보 이동 편의성	☐
	생활 편의시설	마트, 학교, 병원, 은행 등	☐
	개발 호재	재개발 · 도로확장 등 인근 개발 여부	☐
	유동인구/상권	상가일 경우 유동인구, 공실률	☐
	생활 환경	치안, 악취, 조용함 여부	☐
4. 시세 및 수익성	실거래가 비교	인근 매매/전세/월세 시세 조사	☐
	수익률 계산	낙찰가 대비 임대수익률 검토	☐
	리모델링비	총 투자금(수리+세금 포함) 산출	☐
5. 명도 및 권리관계	점유자 확인	실제 거주자(전입세대 열람) 확인	☐
	배당 관계	인수되는 권리 여부 확인	☐
	명도 난이도	협조적 여부, 이사비 필요성	☐
6. 현장 기록 메모	사진/영상	외관, 내부, 주변 환경	☐
	현장 느낌	"깔끔함/소음 있음/조용함" 등 메모	☐
	방문 횟수	1회/2회/기타	☐

구분	주요 항목	세부 점검 내용	확인
1. **건물 외관 상태**	외벽/도장	균열, 페인트 벗겨짐 여부	☐
	창문/베란다	방충망, 배수 상태, 결로 여부	☐
	옥상/지붕	누수 흔적, 방수 상태	☐
	공용공간	복도 · 계단 · 주차장 청결도	☐
	관리비 체납	관리비, 수도, 전기 미납 여부	☐
2. **내부 상태 (가능 시)**	벽/바닥/천장	곰팡이, 습기, 누수, 하자 여부	☐
	환기/채광	창문 방향, 조망, 일조량	☐
	소음/냄새	도로, 주변 공사 등 소음 정도	☐
	화장실/보일러	작동 여부 및 상태	☐
	인테리어 예상	도배 · 장판 · 보수비 예상금액	☐
3. **입지 및 주변 환경**	교통 접근성	역/버스 거리, 도보 이동 편의성	☐
	생활 편의시설	마트, 학교, 병원, 은행 등	☐
	개발 호재	재개발 · 도로확장 등 인근 개발 여부	☐
	유동인구/상권	상가일 경우 유동인구, 공실률	☐
	생활 환경	치안, 악취, 조용함 여부	☐
4. **시세 및 수익성**	실거래가 비교	인근 매매/전세/월세 시세 조사	☐
	수익률 계산	낙찰가 대비 임대수익률 검토	☐
	리모델링비	총 투자금(수리+세금 포함) 산출	☐
5. **명도 및 권리관계**	점유자 확인	실제 거수재(선입세대 열람) 확인	☐
	배당 관계	인수되는 권리 여부 확인	☐
	명도 난이도	협조적 여부, 이사비 필요성	☐
6. **현장 기록 메모**	사진/영상	외관, 내부, 주변 환경	☐
	현장 느낌	"깔끔함/소음 있음/조용함" 등 메모	☐
	방문 횟수	1회/2회/기타	☐

구분	주요 항목	세부 점검 내용	확인
1. 건물 외관 상태	외벽/도장	균열, 페인트 벗겨짐 여부	☐
	창문/베란다	방충망, 배수 상태, 결로 여부	☐
	옥상/지붕	누수 흔적, 방수 상태	☐
	공용공간	복도 · 계단 · 주차장 청결도	☐
	관리비 체납	관리비, 수도, 전기 미납 여부	☐
2. 내부 상태 (가능 시)	벽/바닥/천장	곰팡이, 습기, 누수, 하자 여부	☐
	환기/채광	창문 방향, 조망, 일조량	☐
	소음/냄새	도로, 주변 공사 등 소음 정도	☐
	화장실/보일러	작동 여부 및 상태	☐
	인테리어 예상	도배 · 장판 · 보수비 예상금액	☐
3. 입지 및 주변 환경	교통 접근성	역/버스 거리, 도보 이동 편의성	☐
	생활 편의시설	마트, 학교, 병원, 은행 등	☐
	개발 호재	재개발 · 도로확장 등 인근 개발 여부	☐
	유동인구/상권	상가일 경우 유동인구, 공실률	☐
	생활 환경	치안, 악취, 조용함 여부	☐
4. 시세 및 수익성	실거래가 비교	인근 매매/전세/월세 시세 조사	☐
	수익률 계산	낙찰가 대비 임대수익률 검토	☐
	리모델링비	총 투자금(수리+세금 포함) 산출	☐
5. 명도 및 권리관계	점유자 확인	실제 거주자(전입세대 열람) 확인	☐
	배당 관계	인수되는 권리 여부 확인	☐
	명도 난이도	협조적 여부, 이사비 필요성	☐
6. 현장 기록 메모	사진/영상	외관, 내부, 주변 환경	☐
	현장 느낌	"깔끔함/소음 있음/조용함" 등 메모	☐
	방문 횟수	1회/2회/기타	☐

구분	주요 항목	세부 점검 내용	확인
1. 건물 외관 상태	외벽/도장	균열, 페인트 벗겨짐 여부	☐
	창문/베란다	방충망, 배수 상태, 결로 여부	☐
	옥상/지붕	누수 흔적, 방수 상태	☐
	공용공간	복도 · 계단 · 주차장 청결도	☐
	관리비 체납	관리비, 수도, 전기 미납 여부	☐
2. 내부 상태 (가능 시)	벽/바닥/천장	곰팡이, 습기, 누수, 하자 여부	☐
	환기/채광	창문 방향, 조망, 일조량	☐
	소음/냄새	도로, 주변 공사 등 소음 정도	☐
	화장실/보일러	작동 여부 및 상태	☐
	인테리어 예상	도배 · 장판 · 보수비 예상금액	☐
3. 입지 및 주변 환경	교통 접근성	역/버스 거리, 도보 이동 편의성	☐
	생활 편의시설	마트, 학교, 병원, 은행 등	☐
	개발 호재	재개발 · 도로확장 등 인근 개발 여부	☐
	유동인구/상권	상가일 경우 유동인구, 공실률	☐
	생활 환경	치안, 악취, 조용함 여부	☐
4. 시세 및 수익성	실거래가 비교	인근 매매/전세/월세 시세 조사	☐
	수익률 계산	낙찰가 대비 임대수익률 검토	☐
	리모델링비	총 투자금(수리+세금 포함) 산출	☐
5. 명도 및 권리관계	점유자 확인	실제 거주자(전입세대 열람) 확인	☐
	배당 관계	인수되는 권리 여부 확인	☐
	명도 난이도	협조적 여부, 이사비 필요성	☐
6. 현장 기록 메모	사진/영상	외관, 내부, 주변 환경	☐
	현장 느낌	"깔끔함/소음 있음/조용함" 등 메모	☐
	방문 횟수	1회/2회/기타	☐

구분	주요 항목	세부 점검 내용	확인
1. 건물 외관 상태	외벽/도장	균열, 페인트 벗겨짐 여부	☐
	창문/베란다	방충망, 배수 상태, 결로 여부	☐
	옥상/지붕	누수 흔적, 방수 상태	☐
	공용공간	복도 · 계단 · 주차장 청결도	☐
	관리비 체납	관리비, 수도, 전기 미납 여부	☐
2. 내부 상태 (가능 시)	벽/바닥/천장	곰팡이, 습기, 누수, 하자 여부	☐
	환기/채광	창문 방향, 조망, 일조량	☐
	소음/냄새	도로, 주변 공사 등 소음 정도	☐
	화장실/보일러	작동 여부 및 상태	☐
	인테리어 예상	도배 · 장판 · 보수비 예상금액	☐
3. 입지 및 주변 환경	교통 접근성	역/버스 거리, 도보 이동 편의성	☐
	생활 편의시설	마트, 학교, 병원, 은행 등	☐
	개발 호재	재개발 · 도로확장 등 인근 개발 여부	☐
	유동인구/상권	상가일 경우 유동인구, 공실률	☐
	생활 환경	치안, 악취, 조용함 여부	☐
4. 시세 및 수익성	실거래가 비교	인근 매매/전세/월세 시세 조사	☐
	수익률 계산	낙찰가 대비 임대수익률 검토	☐
	리모델링비	총 투자금(수리+세금 포함) 산출	☐
5. 명도 및 권리관계	점유자 확인	실제 거주자(전입세대 열람) 확인	☐
	배당 관계	인수되는 권리 여부 확인	☐
	명도 난이도	협조적 여부, 이사비 필요성	☐
6. 현장 기록 메모	사진/영상	외관, 내부, 주변 환경	☐
	현장 느낌	"깔끔함/소음 있음/조용함" 등 메모	☐
	방문 횟수	1회/2회/기타	☐

구분	주요 항목	세부 점검 내용	확인
1. 건물 외관 상태	외벽/도장	균열, 페인트 벗겨짐 여부	☐
	창문/베란다	방충망, 배수 상태, 결로 여부	☐
	옥상/지붕	누수 흔적, 방수 상태	☐
	공용공간	복도 · 계단 · 주차장 청결도	☐
	관리비 체납	관리비, 수도, 전기 미납 여부	☐
2. 내부 상태 (가능 시)	벽/바닥/천장	곰팡이, 습기, 누수, 하자 여부	☐
	환기/채광	창문 방향, 조망, 일조량	☐
	소음/냄새	도로, 주변 공사 등 소음 정도	☐
	화장실/보일러	작동 여부 및 상태	☐
	인테리어 예상	도배 · 장판 · 보수비 예상금액	☐
3. 입지 및 주변 환경	교통 접근성	역/버스 거리, 도보 이동 편의성	☐
	생활 편의시설	마트, 학교, 병원, 은행 등	☐
	개발 호재	재개발 · 도로확장 등 인근 개발 여부	☐
	유동인구/상권	상가일 경우 유동인구, 공실률	☐
	생활 환경	치안, 악취, 조용함 여부	☐
4. 시세 및 수익성	실거래가 비교	인근 매매/전세/월세 시세 조사	☐
	수익률 계산	낙찰가 대비 임대수익률 검토	☐
	리모델링비	총 투자금(수리+세금 포함) 산출	☐
5. 명도 및 권리관계	점유자 확인	실제 거주재(선입세내 털탐) 확인	☐
	배당 관계	인수되는 권리 여부 확인	☐
	명도 난이도	협조적 여부, 이사비 필요성	☐
6. 현장 기록 메모	사진/영상	외관, 내부, 주변 환경	☐
	현장 느낌	"깔끔함/소음 있음/조용함" 등 메모	☐
	방문 횟수	1회/2회/기타	☐

부동산 명도 확인서(경매 전용)

본 확인서는 아래 부동산에 대하여 경매 낙찰에 따른 명도가 완료되었음을
상호 확인하기 위해 작성합니다.

사건번호: __________타경____________

소재지: ____

낙찰자 성명: ____________ 연락처: ________________

점유자 성명: ____________ 연락처: ________________

명도 확인 내용

점유자는 위 부동산을 낙찰자에게 자발적으로 인도하였으며, 다음 사항을
확인합니다.

① 인원 · 가재도구 등 동산 전부 반출 완료
② 열쇠 및 출입수단 전부 인계 완료
③ 관리비 · 공과금 등 일체 정산 완료
④ 본 명도와 관련하여 추후 일체의 이의 제기 없음
⑤ 명도 완료일 이후 발생하는 모든 책임은 낙찰자에게 귀속됨

명도 완료일 : ________년____월____일

본 확인서는 경매 명도 완료 사실을 증명하기 위한 문서로,
상호 합의하에 작성하여 각1부씩 보관합니다.

낙찰자: ____________ (서명) 작성일: ________년____월____일

점유자: ____________ (서명) 작성일: ________년____월____일

부동산 명도 확인서(경매 전용)

본 확인서는 아래 부동산에 대하여 경매 낙찰에 따른 명도가 완료되었음을
상호 확인하기 위해 작성합니다.

사건번호: _________타경__________

소재지: ____________________________________

낙찰자 성명: ___________ 연락처: _______________

점유자 성명: ___________ 연락처: _______________

명도 확인 내용

점유자는 위 부동산을 낙찰자에게 자발적으로 인도하였으며, 다음 사항을
확인합니다.

① 인원 · 가재도구 등 동산 전부 반출 완료
② 열쇠 및 출입수단 전부 인계 완료
③ 관리비 · 공과금 등 일체 정산 완료
④ 본 명도와 관련하여 추후 일체의 이의 제기 없음
⑤ 명도 완료일 이후 발생하는 모든 책임은 낙찰자에게 귀속됨

명도 완료일 : _________년____월____일

본 확인서는 경매 명도 완료 사실을 증명하기 위한 문서로,
상호 합의하에 작성하여 각1부씩 보관합니다.

낙찰자: ___________ (서명) 작성일: _________년____월____일

점유자: ___________ (서명) 작성일: _________년____월____일

내 용 증 명

	성명	주소	연락처
수신인			
발신인			

1. 부동산의 표시

소재지: ____

2. 경매 사건의 표시

법원: _____________________ / 사건번호: _________타경_________

3. 통지의 취지

본인은 위 경매 사건에서 해당 부동산을 적법하게 낙찰받아 매각대금을 완납함으로써 소유권을 취득한 자로서, 현재 귀하가 점유 중인 위 부동산의 인도(명도)를 요청하고자 본 내용증명을 발송합니다.

4. 통지의 내용

위부동산은 법원 경매 절차에 따라 본인에게 낙찰되었으며, 매각대금 완납으로 소유권 이전의 법적 효력이 이미 발생하였습니다.

그럼에도 불구하고 귀하는 현재까지 위 부동산을 점유 · 사용하고 있어, 이는 정당한 권원 없는 점유에 해당합니다.

이에 본인은 본 내용증명 수령일로부터 _____**일 이내**에 위 부동산을 원상태로 인도하고, 인원 및 가재도구 등 동산 일체를 반출할 것을 요청드립니다.

위 기한 내 자발적인 명도가 이루어지지 않을 경우, 부득이하게 인도명령 신청, 명도소송 및 강제집행 등 법적 절차를 진행할 수밖에 없음을 알려드립니다.

이로 인해 발생하는 비용과 손해는 귀하에게 귀속될 수 있음을 고지합니다.

본인은 원만한 해결을 희망하며, 불필요한 분쟁을 피하기 위해 협의에 의한 자발적 명도를 우선적으로 요청드립니다.

5. 회신 요청

자발적 명도 의사가 있는 경우, 본 내용증명 수령 후 지체 없이 발신인에게 연락하여 주시기 바랍니다.

본 내용증명은 향후 분쟁 발생 시 사전 통지 및 협의 요청 사실을 명확히 하기 위한 목적의 문서입니다.

_________년____월____일

발신인: _______________ (서명)

내 용 증 명

	성명	주소	연락처
수신인			
발신인			

1. 부동산의 표시

소재지: ____

2. 경매 사건의 표시

법원: __________________ / 사건번호: ________타경________

3. 통지의 취지

본인은 위 경매 사건에서 해당 부동산을 적법하게 낙찰받아 매각대금을 완납함으로써 소유권을 취득한 자로서, 현재 귀하가 점유 중인 위 부동산의 인도(명도)를 요청하고자 본 내용증명을 발송합니다.

4. 통지의 내용

위 부동산은 법원 경매 절차에 따라 본인에게 낙찰되었으며, 매각대금 완납으로 소유권 이전의 법적 효력이 이미 발생하였습니다.

그럼에도 불구하고 귀하는 현재까지 위 부동산을 점유 · 사용하고 있어, 이는 정당한 권원 없는 점유에 해당합니다.

이에 본인은 본 내용증명 수령일로부터 ____**일 이내**에 위 부동산을 원상태로 인도하고, 인원 및 가재도구 등 동산 일체를 반출할 것을 요청드립니다.

위 기한 내 자발적인 명도가 이루어지지 않을 경우, 부득이하게 인도명령 신청, 명도소송 및 강제집행 등 법적 절차를 진행할 수밖에 없음을 알려드립니다.

이로 인해 발생하는 비용과 손해는 귀하에게 귀속될 수 있음을 고지합니다.

본인은 원만한 해결을 희망하며, 불필요한 분쟁을 피하기 위해 협의에 의한 자발적 명도를 우선적으로 요청드립니다.

5. 회신 요청

자발적 명도 의사가 있는 경우, 본 내용증명 수령 후 지체 없이 발신인에게 연락하여 주시기 바랍니다.

본 내용증명은 향후 분쟁 발생 시 사전 통지 및 협의 요청 사실을 명확히 하기 위한 목적의 문서입니다.

_______년____월____일

발신인: _______________ (서명)

법원경매잔금납부·등기·인도명령절차 체크리스트

가. 가기전에 미리 준비할 것

☐ 해당법원 내 은행계좌로 **잔금+ 취득세+ 기타비용** 미리 입금

☐ 또는 **잔금은 수표 1장**, 기타비용은 별도 준비

☐ 수수료 · 무인발급기 이용을 위한 **소액현금준비**

☐ **문 여는 시간(09:00)**에 맞춰 도착*(점심시간전 종료 추천)*

☐ 예상소요시간: **약2시간30분~ 3시간***(법원↔ 구청/시청 거리 멀 경우 더 소요)*

나. 법원 · 관공서진행절차(순서대로)

1) 법원경매계방문

- 사건번호를 말하며 **잔금 납부 및 등기진행** 목적 전달

  ▶ **법원 보관금 납부 명령서** 수령

2) 법원 내 은행

- 법원보관금 납부명령서로 **잔금 납부**

  ▶ 은행에서 받은 **법원 보관금 영수증** 지참 후 다시 경매계 방문

경매계에서 수령 서류 – ☐ 매각대금완납증명원 – ☐ 매각허가결정문 – ☐ 부동산이전등기촉탁신청서 – ☐ 필요제출서류안내문

3) 무인발급기서류발급

☐ 부동산등기사항증명서(등본)　　☐ 토지대장 *(집합건물: 대지권등록부)*

☐ 건축물대장*(집합건물: 전유부분)*　　☐ 주민등록초본*(과거주소변동포함)*

4) 말소사항정리

- 등기부 등본을 보며 **부동산 이전 등기 촉탁 신청서** 작성
- 말소대상기재
  - 갑구/ 을구구분
  - 근저당, 압류, 가압류
  - 강제경매 · 임의경매개시등 말소대상사항

5) 시청 · 구청세무과방문

- **취득세 및 등록 면허세 (말소등록세) 납부**
- 말소등록세: 1건당 7,200원 (예시: 4건말소시 **28,800원**)

6) 다시법원내은행

- **국민주택채권매입** *(낙찰가기준/ 요율은사전인터넷확인가능)*
- 매도즉시할인(check) 처리*(은행에서 안내)*

납부비용 – □ 등기신청수수료

- 소유권이전: 1건당 18,000원
- 말소: 1건당 4,000원 – □ 등기 받을 주소지 기준 **우표 구입**

7) 경매계최종제출

- 모든 서류 및 영수증 제출
- 복사 필요 서류는 **법원내 비치 복사기 이용***(안내 해줌)*

다. ▶ 인도명령신청절차

1) 인도명령 접수 장소 확인: 일반적으로 **민사 집행과**(단, 법원별 상이)
   (예: 원주지원은 경매계에서 접수)
2) 부동산 인도명령 신청서 작성
3) 은행방문 – 신청서 하단 안내에 따라 □ **인지 구입**   □ **송달료 예납**
4) 경매계 제출
   □ 부동산인도명령신청서   □ 인지대영수증   □ 송달료예납영수증

▶ 접수완료

✓ 최종정리

- 이 문서 기준으로 진행하면 **동선 중복없이 하루에 모두 처리 가능**
- 처음 가는 경우에도 **체크하면서 진행하면 실수 거의 없음**

경매초보자라면 반드시 출력해서 들고가길 추천하는 체크리스트

(출처 : 돈잘경매 모임원 하이디)

법원경매잔금납부·등기·인도명령절차 체크리스트

가. 가기전에 미리 준비할 것

- ☐ 해당법원 내 은행계좌로 **잔금+ 취득세+ 기타비용** 미리 입금
- ☐ 또는 **잔금은 수표 1장**, 기타비용은 별도 준비
- ☐ 수수료 · 무인발급기 이용을 위한 **소액현금준비**
- ☐ **문 여는 시간(09:00)**에 맞춰 도착*(점심시간전 종료 추천)*
- ☐ 예상소요시간: **약2시간30분~ 3시간***(법원↔ 구청/시청 거리 멀 경우 더 소요)*

나. 법원 · 관공서진행절차(순서대로)

1) 법원경매계방문

- 사건번호를 말하며 **잔금 납부 및 등기진행** 목적 전달
  - ▶ **법원 보관금 납부 명령서** 수령

2) 법원 내 은행

- 법원보관금 납부명령서로 **잔금 납부**
  - ▶ 은행에서 받은 **법원 보관금 영수증** 지참 후 다시 경매계 방문

경매계에서 수령 서류 – ☐ 매각대금완납증명원 – ☐ 매각허가결정문 –
☐ 부동산이전등기촉탁신청서 – ☐ 필요제출서류안내문

3) 무인발급기서류발급

- ☐ 부동산등기사항증명서(등본)   ☐ 토지대장 *(집합건물: 대지권등록부)*
- ☐ 건축물대장*(집합건물: 전유부분)*   ☐ 주민등록초본*(과거주소변동포함)*

4) 말소사항정리

- 등기부 등본을 보며 **부동산 이전 등기 촉탁 신청서** 작성
- 말소대상기재
  - – 갑구/ 을구구분
  - – 근저당, 압류, 가압류
  - – 강제경매 · 임의경매개시등 말소대상사항

5) 시청 · 구청세무과방문
- **취득세 및 등록 면허세 (말소등록세) 납부**
- 말소등록세: 1건당 7,200원 (예시: 4건말소시 28,800원)

6) 다시법원내은행
- **국민주택채권매입** *(낙찰가기준/ 요율은사전인터넷확인가능)*
- 매도즉시할인(check) 처리*(은행에서 안내)*

납부비용 – ☐ 등기신청수수료
- 소유권이전: 1건당 18,000원
- 말소: 1건당 4,000원 – ☐ 등기 받을 주소지 기준 **우표 구입**

7) 경매계최종제출
- 모든 서류 및 영수증 제출
- 복사 필요 서류는 **법원내 비치 복사기 이용***(안내 해줌)*

다. ▶ 인도명령신청절차

1) 인도명령 접수 장소 확인: 일반적으로 **민사 집행과**(단, 법원별 상이)
   (예: 원주지원은 경매계에서 접수)
2) 부동산 인도명령 신청서 작성
3) 은행방문 – 신청서 하단 안내에 따라 ☐ **인지 구입** ☐ **송달료 예납**
4) 경매계 제출
   ☐ 부동산인도명령신청서 ☐ 인지대영수증 ☐ 송달료예납영수증

▶ 접수완료

✓ 최종정리
- 이 문서 기준으로 진행하면 **동선 중복없이 하루에 모두 처리 가능**
- 처음 가는 경우에도 **체크하면서 진행하면 실수 거의 없음**

경매초보자라면 반드시 출력해서 들고가길 추천하는 체크리스트

(출처 : 돈잘경매 모임원 하이디)